中层管理者领导行为与战略实施过程关系研究

麻兴斌　著

山东大学出版社

图书在版编目(CIP)数据

中层管理者领导行为与战略实施过程关系研究/麻兴斌著. —济南:山东大学出版社,2018.10

ISBN 978-7-5607-6210-4

Ⅰ.①中… Ⅱ.①麻… Ⅲ.①领导行为—关系—战略管理—研究 Ⅳ.①C933②C931.2

中国版本图书馆 CIP 数据核字(2018)第 234836 号

责任策划:李艳玲
责任编辑:李艳玲
封面设计:张 荔

出版发行:山东大学出版社
社 址 山东省济南市山大南路 20 号
邮 编 250100
电 话 市场部(0531)88364466
经 销:山东省新华书店
印 刷:山东华林图文快印有限公司
规 格:720 毫米×1000 毫米 1/16
10 印张 201 千字
版 次:2018 年 10 月第 1 版
印 次:2018 年 10 月第 1 次印刷
定 价:20.00 元

前　言

中层管理者在企业中具有重要作用，这是由他们在组织中的位置和活动决定的。作为连接高管层和底层操作层的纽带，中层管理者一方面向上传达操作层产生的变革“主动性”，在得到批准后形成新的战略计划，并对既定战略进行修正；另一方面，在团队和部门间将战略目标向下分解成战略计划，并通过操作层加以执行。

战略管理理论研究历来重视战略计划的形成过程，对战略过程的研究是随着新技术工业和服务业的高速发展而逐渐加强的。国内外对战略实施过程的研究，涉及中层管理者的有对战略目标和计划在各部门之间的分解，战略目标考核体系、组织与流程再造等。这些研究的缺陷是只对结果进行控制，忽略了微观层面的活动。在微观层面上，韦斯勒·弗洛伊德（Wesley Floyd）等人的研究具有代表性。他们将中层管理者的活动分为综合信息、支持、促进适应性、执行四类，并认为前两类形成对上层的影响，目的是完成对战略的修正以适应环境的变化；后两类形成对下层的影响，目的是完成对既定战略计划的执行。但在实际过程中，同样的活动内容，要想取得相同的结果，很大程度上取决于中层管理者的行为导向。

为了进一步探索这些问题，本书针对中层管理者设计了“领导行为对战略修正过程的作用”“领导行为对战略执行过程的作用”“外界环境对战略实施过程的作用机理”“内部环境的中介效应”四个相互关联的分析模型。在领导行为的任务导向型、关系导向型和变革导向型三个维度上，分析中层管理者开展战略实施活动的成效，进而分析影响战略修正和战略执行的机理。

外界环境对战略过程的影响，首先是对中层管理者的领导行为和活动产生影响，进而影响到战略修正过程；包括战略计划和措施的内部环境则影响着中层管理者的领导行为，制约着各种活动的开展，影响战略修正和战略执行过程。

本书主要的创新工作和结论可以归纳为以下几个方面：

1. 分析并证明任务导向型、关系导向型和变革导向型领导模式对战略修正过程有促进作用。本书从组织行为学和领导行为入手，选择CPE领导行为模型，以任务导向型、关系导向型和变革导向型三个维度为自变量，战略修正为因变量，建立分析模型。选取企业中层干部为样本，共收回合格问卷367份。利用回归分析工具进行数据处理，验证了结论。

2. 提出并验证当外界环境发生变化时，中层管理者的领导模式具有明显的中介作用。中层管理者通过改变行为，使战略实施过程适应环境的变化。面对外界环境的变化，企业首先要求员工具有变革创新意识，进而调整组织结构和业务流程。可以看出，中层管理者的领导行为成为外界环境影响战略过程的内在原因。由此建立分析模型，以领导行为为中介变量，外界环境为自变量，对战略实施过程中的战略修正进行回归分析，结果得到验证。

3. 提出并验证了既定的战略流程对中层管理人员行为的约束和促进作用，进而影响战略实施的修正过程和执行过程。战略计划流程及其相关规章制度对中层管理者的行为具有约束和促进作用，所以本书将内部环境作为调节变量构建模型，并进行交互性回归分析，结果得到验证。

本书最后总结了本研究在理论成果、分析方法和实践方面的意义，并对未来研究提出建议。

目　录

绪　论

一、问题的提出

就像人类执着于探索长寿的秘诀，管理学家一直致力于探索企业盈利的秘密。汤姆·彼得斯从世界500强企业中选取了43家优秀企业作为样本进行分析，试图找出企业卓越的基因，并写了《追求卓越》一书。他认为，企业是因战略和执行力强大而优秀。但是后来的几年中，其中的32家企业均出现了严重的财务问题，企业因此陷入困境。比如，曾经的手机"大哥大"诺基亚已经被微软收购，摩托罗拉也几易其主，最终被联想收购。

我国企业改革是从20世纪90年代的股份制改革开始的。此后，国内的企业才成为自负盈亏、自主经营的独立个体，有很多企业在短短几年时间内就经历了由生到死的过程。据统计，我国民营企业的平均寿命仅为7.5年，其中中小企业的平均寿命只有2.9年。但是，也有很多企业一鸣惊人，抓住了市场机会，努力提升自身能力，持续创新，很快发展为世界级的企业，创造了民族企业管理的神话。例如，企业家李书福的吉利汽车公司在2001年才拿到轿车生产许可证，但只用了不到10年的时间，在2010年3月29日全资收购了福特旗下的沃尔沃，成为中国民营企业发展史上的一个传奇。

海尔集团是张瑞敏先生从一个濒临倒闭的电冰箱厂发展而来的。经过几十年的发展，目前海尔已经成为世界级的家电生产销售巨头，其产品不但输送至拉美、非洲等发展中国家，而且还遍及美国和欧洲等发达国家。1999年是海尔向世界500强目标跨越的重要一年。要实现这一目标，必须进行管理体系的改革。于是，SBU管理模式被海尔引入。SBU是Strategic Business Unit（战略事业单位）的缩写，是指将一个相对独立的业务单位发展为自主创新的主体。海尔从1999年开始，根据外部市场的要求实行"索酬、索赔、跳闸"的"内部市场链”制度，通过流程改造，让每一位员工都面向市场。海尔的目标就是给予每一位员工一个创新的空间，发挥每一个人的创新能力，从而提升企业整体的创新能力，最终实现跨越式的发展。

与海尔相比，联想集团的变革战略是在不断调整中实现的，体现了执行过程和战略修正过程的重要性。联想从 2004 年开始进行了以市场为导向的业务、渠道等方面的战略调整，专注于提高效率，坚持以客户为导向。

这些企业的发展历程给我们以下启示：

第一，企业的发展，特别是跨越式的发展，是在不断的战略变革中实现的。在竞争的环境中，企业唯有通过不断的创新，才能适应快速变化的环境，才能长久地立于不败之地。

第二，战略计划是在不断调整中实施的。战略计划往往由高层管理者发起，是在市场机会、新资源的获得以及面临威胁的背景下逐步形成和完善的。但是在实施过程中，管理者必须不断调整战略部署，才能保证目标的实现。

第三，战略实施的主体是公司中层管理者和执行人员。因此，必须调动中层管理者的积极性，强化其变革意识。

第四，战略实施过程中的调整，是在高层管理者与执行层之间相互沟通、不断讨论中完成的，中层管理者在其中起到重要作用。

传统战略理论认为，在战略实施阶段，战略计划是已经成型的，主要问题是如何使它产生效率。其中，战略的适应性成为关键问题。传统战略实施阶段要求精确地按照战略方案规定的目标、步骤、程序来执行，但效果并不尽如人意。有的研究机构将 70%的企业经营失败的原因归结为没有能够有效地执行战略计划；同时认为，经过精心策划的企业战略只有不足 10%的得到有效的执行。公司战略的这种变化会出现两种结果，一种是使公司产生损失，甚至破产；另一种则相反，公司财务和市场并没有遭受损失，有时反而会取得更好的结果。特别是外部环境剧烈变化的今天，适时改变战略计划已成为公司战略管理的重要内容。

因此，在分析目前企业战略实施过程中易发生的问题前，我们提出以下论点，作为本书研究的重点。

(一)战略实施过程既是战略执行的过程，也是战略计划修正的过程

面对日益复杂的外部环境，公司也演变成越来越复杂的组织体系，战略管理过程也越来越复杂。面对这种局面，各个公司也采取了应对措施，其中扁平化就是重要的措施之一。例如，美国通用电气(GE)在 20 世纪 80 年代将高层的

管理人员由 350 多名削减为 20 多人，同时将十几层的管理层次削减为 5 层，将大部分战略决策权下放到中层或者战略单元（SBU），甚至下放到更低层次的操作层，实现了组织的扁平化改造。这样，高层管理人员就没有必要再去制订详尽的战略计划，而只要确定了企业的目标和战略框架，然后依靠中层管理人员的主动性、创造性，创造出各自部门丰富多彩的战略计划，同样可以实现企业发展的奇迹。情况确实也是这样。联想集团在制定新战略的过程中，首先确定一个方向，然后集结高层、中层以及一线人员的智慧和信息确定战略计划，并在实施过程中随时调整包括目标在内的所有内容。同时，利用复合决策网技术，在不断探索、不断创新、不断调整的过程中，最终实现了“高科技的、服务的、国际化的”梦想。由此可见，企业战略实施过程不再是高层制定战略、执行层负责实施战略的过程，而是通过“两手抓”的方式制定战略，并随着变化随时调整战略。中层管理人员在战略管理中的作用逐渐凸显出来。

（二）中层管理人员在战略实施过程中的作用

企业的战略目标具有一致性，即企业的各个部门应该紧紧围绕着企业的目标开展各项工作，完成各自的任务，以实现这个总目标。但各个部门的管理方式是不同的，制造部门是以高效、低成本和准时地完成自己的任务为目标；营销部门则以市场为中心，除了为产品建立营销渠道外，还要积极进行市场调查，为产品的研发提供导向；研发部门除了要求整个团队具有创新观念外，还需要每个人成为创新个体，发挥其主动性和创造性。想要在一个企业中形成这种多元的管理方式，仅依靠高层的管理模式是难以完成的。这样，中层管理人员这个群体就进入人们的研究视野，成为许多人研究的目标。

中层管理人员作为主动性的要素进入研究者的视野，并没有使战略过程清晰起来。中层管理者所处的位置决定了他们与战略相关的活动的关系错综复杂。在微观层面上研究战略形成的过程，面对的是一系列活动过程，这些过程既有与战略有关的，也有与日常管理有关的，还有与二者都有联系的。中层管理者既要与高层管理者沟通，执行战略流程，又要依据自己部门的具体任务和资源状况提出自己的计划并加以执行。传统的组织理论认为，组织边界的存在降低了部门所面临的环境的复杂性。但是组织结构的扁平化发展以及各种授权措施将组织的各个中层部门推到了前台，让这些最接近操作层、最接近市场的团队成为企业发展的中坚力量。

（三）中层管理人员促进战略修正或参与战略修正过程的行为

根据鲍尔·约瑟夫的观点，战略实施过程就是组织成员实现组织目标的一系列活动。一切战略活动应该围绕着企业的发展、围绕着市场和潜在市场展开。传统的对战略制定和战略执行两个阶段的划分已经模糊，特别是处于外界环境多变、产品更新迅速背景下的企业，更应该在掌握调研信息的条件下制定初步的战略框架，并在实施中逐步加以完善。其中，精确的战略、失败的战略、应急的战略、现实的战略等交织在一起。这种对战略的认识，能够使管理者正确理解执行者出现的偏差，并允许战略实施中出现这种误差甚至错误。

这些过程都是经过一系列的活动完成的，例如会议、动员、命令、落实激励政策、非正式讨论、甚至工作餐会等。这些活动有的可以促进战略计划的执行和落实，使企业的经营活动沿着既定的路径发展；有的则促进各部门的团队发挥主动性，要求团队成员对环境有敏锐的洞察力，创造性地实施战略计划，或对不适应的战略计划进行改造，目的是提高企业的竞争力和盈利能力。

（四）在不同的企业中，中层管理人员应该重视的行为模式

面对越来越复杂的经济环境，企业如何制定战略，如何进行战略实施和控制，对企业的发展具有重要意义。

实际上，战略实施过程中管理人员的行为模式在一定的环境条件下或一定的时期处于稳定状态。也就是说，长期形成的企业文化制约着组织中成员的行为。研究管理人员的行为模式与战略计划的执行情况，可以更好地判断哪些活动对组织的发展是有利的，哪些是不利的，使战略计划在实施过程中获得更好的效果。

良好的管理人员队伍在战略管理过程中起着关键性的作用，但是不同的企业和同一企业中的不同部门，显然需要不同的管理作风。相关研究已经证明，中层管理人员在战略实施过程中要有较高的执行力，要有应变能力、创新能力和改革精神。这些能力在不同的生产运作过程中有不同的体现。

另外，在战略管理的研究和实践中，形成了各种工具，如平衡记分卡（balanced score card）。在战略实施过程中这些工具起到什么样的作用，以及作用原理是什么，都是需要进一步研究的问题。

总之，在一个“不确定”是唯一可确定的因素的经济环境中，战略过程已经不再是“制定战略——执行战略——评价效果”三阶段的“程式化”过程了。它打破了阶段之间的界限，各阶段呈现出交错进行的现象。战略的实施也不再以

准确执行为评价标准，而是以提高组织效率为最终目标；相应的战略制定也不再以详尽准确为目标，而是以指针、指导的方式呈现更多的临时方案、应急方案。因此，战略过程变得更加复杂，战略的管理由宏观层面上以整个组织为控制对象向着微观层面上以组织成员的战略性为对象转化。组织成员的战略行为成为战略管理的重要内容。

二、研究的理论背景

（一）战略计划与战略实施

20世纪60年代，艾尔弗雷德·钱德勒(A. D. Chandler)所著的《战略与结构》一书，揭开了企业战略管理理论研究的序幕。该书主要从高层管理者的视角分析了杜邦、通用汽车等大公司的发展历程，并分析了高层经理人员的战略性决策和一般决策的区别。他认为，战略性决策在战略发展中起着至关重要的作用。这个阶段的战略研究大都集中在这个领域。20世纪70年代，肯尼斯·安德鲁斯(Kenneth R. Andrews)所著的《公司战略的概念》一书，将战略结构区分为战略制定(Strategy Formulation)与战略实施(Strategy Implementation)两个环节。这种观点在一段时期内影响了战略管理理论的研究方向。

在之后的30多年的时间里，围绕着战略管理的两个阶段，学者们做了大量的研究工作，取得了惊人的成就。但是大多数的论文和专著多关注战略分析和战略制定，并将企业战略管理划分为战略规划、战略制定、战略执行及战略控制等方面，从而形成理论性更强的战略管理体系。亨利·明茨伯格在《战略历程——综览战略管理学派》中将这些理论归纳为十大学派：设计学派、计划学派、定位学派、企业家学派、认识学派、学习学派、权力学派、文化学派、环境学派以及结构学派。这些学派大部分是从安德鲁斯的理论框架出发，并经过了一个建立框架、填充框架和完善框架的自组织过程。而安德鲁斯的理论框架是从分析高层管理者的战略行为和战略形成过程出发的，虽然他提出了战略管理过程的两个阶段：战略制定和战略实施，但是其对战略实施过程的认识仅局限于执行和调整的过程。①

值得注意的是，在此期间，一些学者开始关注对战略实施过程的研究。部

---

① 参见王革、吴练达、张亚辉：《企业战略管理理论演进与展望》，《科学学与科学技术管理》2004年第1期。

分专家认为，战略计划的制订过程只是一个方面，另一个方面就是对执行过程的管理问题的研究。20 世纪 90 年代影响比较大的成果是平衡记分卡的出现和应用。罗伯特·卡普兰等学者提出的平衡记分卡被认为是一种有效的战略实施管理工具，在战略管理、绩效管理领域得到广泛应用，但这一工具并没有反映战略实施的实际过程，只是对结果进行管理。亚历山大（Alexander）认为，对于战略执行的研究，还缺少全面的执行框架①；巴特森（Bateson）认为，有关战略的文献缺乏执行模型；在战略管理文献中，重视计划过程而忽视执行的偏见仍然存在；尽管执行过程很重要，但只有很少的研究直接关注该领域。② 在这些研究中，执行常常被看作机械的控制过程，目前的研究非常需要一个详细的、全面的战略执行概念模型。

进入 21 世纪后，虽然对战略执行的研究已取得一些成果，但仍有学者不断重提这个问题。部分学者认为，只有很少的模型来支持对战略执行有研究兴趣的学者未来的经验研究。③ 梅林（Melin）等则提出，虽然引入战略管理概念可以为解决这个问题提供一个正式的框架，但是要想取得真正的成果还需要足够的研究关注。④

国内有关战略管理问题的研究是跟随国外研究进度展开的，主要的论文和专著成果大都集中在战略制定过程。在战略实施过程有两大热点问题，一个是平衡记分卡的应用，另一个是对执行力的研究。根据施瑞龙的统计，1999～2009 年的 10 年间，经济管理类与执行力有关的文章有 1187 篇，其中 1999 年 0 篇，2000 年 1 篇，2001 年 2 篇，2002 年 5 篇，其余都是在 2003 年以后发表的，而且以后的年份内数量急剧增长。从内容上看，论文的主要议题可以归纳为：执行力的定义及其重要性、执行力的障碍、执行力的提升等方面。对执行力的研究可以说是国内战略管理理论研究的一个特色。执行力的概念被认为是在研究战略执行过程的基础上衍生出来的，执行力的内容也被扩大到战略以外的各种计划经营的执行过程。

很多研究将战略过程分为战略内容和战略过程两个方面，其实在很大程度

---

① Alexander L D. Strategy Implementation: Nature of the Problem. *International Review of Strategic Management*. Vol. 2, 1991.

② Bateson S R & Tolbert P S. Institutionalization and Structuration: Studying the Links between Action and Institution. *Organization Studies*. Vol. 18, 1997.

③ Daft R & Weick K E. Toward a Model of Organizations as Interpretation Systems. *Academy of Management Review*. Vol. 36, 2001.

④ Johnson G & Melin L & Whittington R. Micro Strategy and Strategizing: Towards an Activity-based View. *Journal of Management Studies*. Vol. 40, 2003.

上对应的是战略制定和战略实施两个过程。战略内容主要集中在决策和组织结构对绩效的影响两个方面,而战略过程则主要集中在通过活动支持和实现战略计划的完成。战略计划主要研究如何决策,战略实施则主要考虑如何将这些决策转化为各种行动。在大量的研究成果中,研究者大都从自己的实际研究和学科出发,有的贴近现实,有的则较为复杂,我们无法凭此找到一个正确的答案。就像惠廷顿(Whittington)所说,各种战略概念"有根本不同的含义,以至于我们不知道如何去做"①。

随着微观层面上的研究越来越深入,主流观点的战略计划决定组织结构、计划决定现实的理论,其前提就暴露出一些缺陷。传统的"高度抽象、宽泛的类别和死板的概念"受到批评,研究者开始寻找直接面对管理和组织活动的复杂的方法,逐渐打开执行过程的"黑箱"。

(二)战略过程与中层管理者的领导行为

明茨伯格(Mintzberg)和怀特斯(Waters)等人在20世纪80年代对战略过程进行了微观方面的研究,认为高层管理者将战略意图引入组织,并设计了实施方式。这个过程是一个"活动流",高层管理者、中层管理者以及所有战略的参与者,与企业的各种规章制度、社会法规以及环境因素相互作用,形成各种约束力量。明茨伯格等人认为,这个过程包含着对既定战略的执行过程和修正过程,中层管理者在其中起着重要的作用。②

修正过程理论的确为战略实施过程的研究开辟了一个新的领域,弗洛伊德等人进行了深入的研究。他们的研究重点是分析中层管理者的各种活动对战略修正过程的影响,其将中层管理者的活动分成四大类:支持方案改变、综合信息、促进适应性和执行既定方案。按照影响的方向,又将其归纳为向上的影响和向下的影响。该研究认为,中层管理者及其下属的文化背景、性格特质等行为要素对这些活动的有效性产生影响,进而影响战略的修正过程和执行过程。③

国内学者吴敏和黄旭等人认为,领导理论是研究领导有效性的理论,而这种有效性对应不同的管理情景,组织结构、文化情景、政策体系以及外界环境都

---

① Whittington G L & Barrick M R. Team Structure and Performance: Assessing the Mediating Role of Intra-team Process and the Moderating Role of Task Type. *Academy of Management Journal*. Vol. 43, 2000.

② Mintzberg H. The Effective Organization: Forces and Form. *Sloan Management Review*. Vol. 32, 1991.

③ Floyd S W & Wooldridge B. Middle Management Involvement in Strategy, and its Association with Strategic Type: A Research Note. *Strategic Management Journal*. Vol. 13, 1992.

是其影响因素。[①] 领导方式分为不同的类型，比较流行的是将其分为交易型领导行为和变革型领导行为。有学者还将其解析为家长式领导行为模式，认为这在东南亚文化背景下具有明显的特点。由此可以看出，领导理论的研究对象主要集中在企业高层领导，或者最高决策者。当然，也有研究者将研究对象集中于团队管理者，但主要针对独立的团队运作方式。

随着对高层管理者决策理论的逐步重视，越来越多的研究集中到高层管理者身上。一些学者同时加入信任、承诺等关系性的因素进行研究。有研究表明，变革型领导凭借信任间接对组织公民行为产生影响。[②] 梅林等研究了变革型领导与授权之间的关系。[③] 荣格(Jung)等采用实验室研究方法考察了变革型领导、信任、价值一致性、数量、质量和满意度之间的关系。[④] 斯伯莱茨(Spreitzer)和荣格等人的研究都指出了一个重要的问题，就是领导能力的发挥与组织环境是密不可分的。但是他们只是对所涉及的环境进行了描述，并没有说明该环境与其他环境的关系。

斯伯莱茨等认为，脱离特定的环境讨论领导行为的作用没有意义。针对中层管理者在战略实施过程中的各种活动，弗洛伊德等人作了较系统的研究，并构建了活动模型，认为中层管理者的活动可以归结为四种类型：综合信息、促进适应能力、支持战略改变和实施既定战略。斯伯莱茨认为，中层管理者的这些活动在不同的组织中具有不同的效果，有的是积极的，有的是消极的，因此有必要对这些活动进行深层次探讨。

本书是以中层管理者为研究对象的。在战略实施过程中，管理者一般有两类行动：一类是确定的规定行动，另一类是即兴的行动，即管理者相机决定采取的行动，这类行动的决策主体往往是中层管理者。

面对环境和政策的约束力，中层管理者为了使战略实施过程顺利进行，会对环境施加一些影响，这些活动的有效性值得进一步探讨。

本书重点研究中层管理者的行为取向对活动有效性的影响。这些活动的有效性可以从战略的执行过程和修正过程体现出来。

---

① 参见黄旭等：《企业战略变革研究》，四川大学出版社2004年版，第157～163页。

② Podsakoff H & Kilduff M & Tsai W. Zooming in and out: Connecting Individuals and Collectivities at the Frontiers of Organizational Network Research. *Organization Science*. Vol. 16, 2005.

③ Johnson G, Melin L, Whittington R. Micro Strategy and Strategizing: Towards an Activity-based View. *Journal of Management Studies*. Vol. 40, 2003.

④ Jung K E. Theory Construction as Disciplined Imagination. *Academy of Management Review*. Vol. 14, 1989.

三、研究范围与研究意义

(一)概念及范围

本书研究的主题是企业中层管理人员的领导行为。中层管理人员的行为受到企业高层管理人员和企业家的影响,受到企业和社会的各种规章制度的制约,甚至受到各种文化的影响。

近年来,为了适应企业生存环境的急剧变化,企业的组织结构逐渐由严格的层级结构向基于团队的扁平化结构转变,这种转变使得员工的主动性和合作性成为企业发展极为重要的条件,员工的组织行为由此成为研究的热点。组织公民行为(organizational citizenship behavior, OCB),即研究组织中成员的"不在正式合约规定之内,也不在赏罚的范围内,由员工自行决定,在整体上有利于组织功效发挥"的组织行为。

领导理论是组织行为学研究的一个重要问题,在过去30多年的研究中取得了巨大成就。领导特质理论(Trait Theory)、领导行为理论(Behavior Theory)和领导权变理论(Contingency or Situational Theory)是领导理论三项重要的研究成果,被称为"经典的领导理论"。

詹姆斯·伯恩斯(James M. Burns)认为,领导过程应该包含两个领导行为,分别是交易型领导(Transactional Leadership)行为和转换型领导(Transformational Leadership)行为。[①] 这种分类的思想为领导行为的研究开辟了一条新的途径。

有学者提出并完善了交换型领导行为理论和变革型领导行为理论。[②] 交换型领导行为即领导在安排工作时作出承诺,下属完成特定的工作后即可获得回报,整个过程好像一项交易。实行这种类型领导行为的特点就是要明确角色和任务要求,并且有明确的活动目标,以促使员工朝着目标努力。变革型领导行为是指通过激发员工高层次需要,让员工了解任务的意义和重要性,同时与下属建立一种互相信任的关系,促使员工为了企业利益牺牲自己的利益。变革型领导行为实行的前提,是建立一种企业文化的氛围,向员工灌输企业价值观,企业上下达成一种价值观念的共识。

---

① 参见詹姆斯·伯恩斯:《领导论》,常建译,中国人民大学出版社2006年版,第145~146页。

② Fleishman E A & Mumford M D. Taxonomic Effects in the Description of Leader Behavior: A Synthesis and Functional Interpretation. *The Leadership Quarterly*. Vol. 4, 1991.

随后，针对领导理论的研究从领导行为对整个组织的影响，转移到领导行为对下属的组织行为的影响上，家长式的领导行为也被提了出来。日本学者青木昌彦对印尼、新加坡等国家和地区的华人家族企业进行了研究，发现其高层管理者具有清晰、鲜明的领导特色，由此提出了一个全新的企业领导行为模型。他将这种独特的领导风格定义为"家长式领导"（Paternalistic Leadership ）。①

费雷德（Fred）等指出，绝大多数理论研究并没有准确指出相应的理论层次。从逻辑关系而言，特质研究和行为研究均应属于"领导者—下属"层面，现实中则呈现出以"领导者—下属"为主的混合状态，如领导特质研究、领导行为研究等，其中以领导行为研究为主流。

本书在研究中层管理者的领导行为时，对其作用关系和环境进行了严格的限制。其一，领导关系被限制在"领导—下属"层面上，在一定的环境下设定了外部环境的复杂性和不确定性两个方面。

其二，本书设定了战略实施过程的行为环境。战略对于组织而言是很重要的。有关战略的最早的定义是：针对企业的具体情况所做的一系列具体行动。随着对战略过程及其管理的不断深入研究，逐渐出现了不同的学派，如以钱德勒为代表的早期的设计学派和计划学派，以波特（Poter）为代表的产业组织学派；等等。惠廷顿认为，战略"意味着组织中的各个成员团结起来有效地追求共同的目标"②。实际上，组织将活动看作过程，而围绕战略的各种活动也构成了战略实施过程。因此，将追求共同目标的各种活动统一起来，就得到了整个经营过程。

随着当代战略管理文献中各种分歧的出现，人们开始从微观层面研究企业战略活动。当然，也有经济方面的原因：第一，随着市场的不断开放，劳动力的流动性增强，信息更加充分，竞争优势越来越依赖于"难以辨别、难以交换的微观资产"；第二，由速度、差异和创新引起的过度竞争，改变了战略竞争的水平和频率。所以，对于战略活动，不能只从高层管理者的角度去理解，或者只从战略的制定过程去理解。市场变化越来越快，需要企业对市场作出快速反应，所以组织的战略不能孤立地面对一些具体的事件和按制定好的规则循环往复，相反，组织的战略是组织永久的课题。

在限定了以上的研究范围后，本书所要研究的问题就可以具体反映为以下

---

① 参见[日]青木昌彦：《比较制度分析》，周黎安译，上海远东出版社 2001 年版，第 173～201 页。

② Whittington R. Putting Giddens into Action: Social Systems and Managerial Agency. *Journal of Management Studies*. Vol. 29, 1992.

五个方面：

1.本书的研究对象是企业中的中层管理者的战略行为，主要以部门管理人员为主。

2.战略实施过程由战略执行和战略修正两个过程组成。

3.中层管理人员的战略行为模式促成了战略实施的不同过程。

4.企业的外部环境和内部环境共同影响了中层管理者的行为模式，外部环境主要考虑不确定性，而内部环境主要从正式的战略流程考虑。

5.本书讨论的战略实施过程没有涉及战略的形成过程。根据研究，无论是自上而下还是自下而上形成的战略计划，一旦形成文件，组织成员一般都是被动接受。由于研究条件所限，在这里不讨论战略的形成过程。

（二）研究的意义

1.战略对每个企业来说都是极其重要的，战略过程进行得是否顺利关系到企业的生死存亡，这是很多管理者和研究者的共识。但是，几乎每个管理者都承认，战略计划能够达到原始目标的概率非常小；越是时间跨度和变革强度大的战略，实施的结果变化越大。因此，有国有企业高管承认，大多数的战略计划都是摆着的“样品”，基本不起作用。这种实践与文献研究成果相矛盾的状况促使人们开始研究组织微观层面上的战略行为。

战略实施过程的两个方面——战略执行和战略修正已经得到大多数管理研究者的认可。战略执行是实现战略目标的保证，是很多管理者所追求的过程。平衡记分卡、各种绩效考核方法等都是为战略顺利执行而设计的管理工具。同时，战略修正过程也不可忽视。在很多的战略实施过程中，原始的战略方案经过不断修正，新的方案、应急方案补充甚至修改了原来的实施方案，提高了组织效率，使之更适应环境。因此，正确认识并研究战略实施的两个过程，对企业的发展而言是非常有意义的。

2.复杂多变的环境要求企业组织具有更大的柔性和更高的组织综合效能。正确管理战略实施过程，既能够提高企业的效率和竞争力，又能够培养学习型组织和创新型组织。对战略执行过程的管理，能使组织坚定不移地为实现企业的战略目标、实现企业的盈利能力而努力；强调战略的修正过程，则可以提高组织的创新能力和环境适应能力。

3.在强调战略执行过程的同时，也强调战略的修正过程，能够增加职工的参与机会，提高职工的积极性、主动性和创造意识。本书在研究中层管理者战略行为对战略实施过程的影响的同时，也关注了员工对企业战略宗旨、战略目标、战略过程等方面的认识程度。

值得注意的是，本书无法判定战略的哪些执行过程是对企业组织有利的，也无法判定哪些战略修正过程对企业有利；在战略执行效果中，也没有指出哪些效果对企业有利，哪些效果对企业是不利的。因此，在研究之初就设定了这两种战略实施过程均具有积极的作用，也就是说，无论是战略的执行过程，还是战略的修正过程，都有利于战略目标的实现和组织效率的提高。为了达到这个目的，我们在选择调查样本时，要求符合以下两个条件：

第一，企业正在实施某种战略，或者已经实施过某种战略。

第二，这些企业的战略实施过程是成功的。评判标准是根据有关部门的评价，或者企业盈利水平大幅度提升。如兖州矿业集团，其实施的煤化工发展战略，大大提高了企业的盈利能力；又如山东电力集团公司，其信息化发展战略经有关部门鉴定达到预期性能指标；等等。

四、研究思路

本书探讨的主要问题是，战略计划在正式的实施过程中，组织的中层管理人员的管理行为与战略实施过程的关系。本书首先对微观层面的战略实施过程的特点进行分析。可以看出，这些过程实际上就是由一系列员工的活动组成的。员工的行为复杂多变，中层管理人员的管理活动也是复杂的，其显然受到企业的经营环境的影响。其中，针对外部环境的不确定性，我们采用两个变量进行描述；针对企业的内部环境，则主要依据正式的战略实施过程，即企业的相关文件中规定的过程步骤等等。

本书共分六部分内容，各部分的内容安排为：绪论阐明了研究的背景，研究的主要问题、内容和研究范围、思路。第一章是文献综述部分，阐明了与本书相关的研究领域的主要研究成果、观点和结论，并就已有的研究进行评述，进一步明确本书研究的方向。第二章是中层管理者的行为模式对战略修正的影响研究。第三章是外界环境对中层管理人员领导模式的影响研究。第四章是战略计划对中层管理人员行为的影响研究。第五章是主要结论及创新点。本书的研究框架可参见图 1。

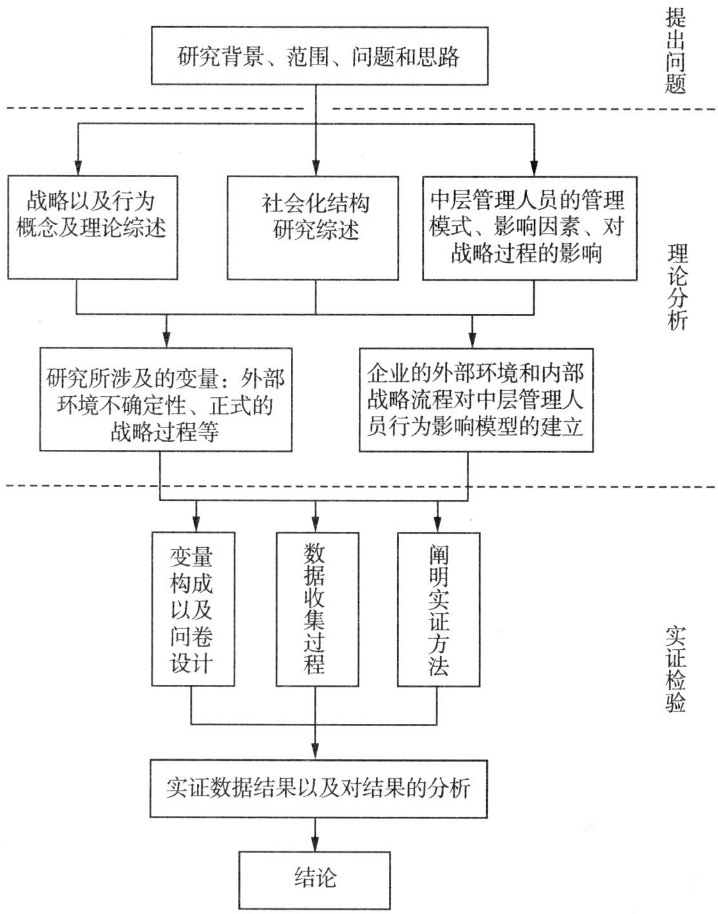

图 1　本书的结构框架

五、数据与方法

由于本书关注的是企业中层管理人员的行为与战略实施过程的关系，所以在样本选取中侧重于有战略实施经历并取得成功的企业。调查对象是企业中层管理者，一般是部门负责人。

根据以上原则，选择了山东省境内合适的企业，对相应的调查对象进行问卷调查。本书所使用的量表大部分是采用了过去文献中的量表。有些量表是发表在英文期刊上的，有些是发表在国内刊物上的，并根据企业的实际情况进行了一些微小的调整。

本书使用了分析统计工具 SPSS12.0 软件，对各要素的数据进行了均值、标准差、峰度、偏度计算，并通过相关性分析检验变量的正态性。当这些检验证明符合要求时，利用多元回归分析检验各种假设的正确性。

第一章 文献综述

惠廷顿认为，管理者的领导行为及其作用，只有在具体的情境下才有意义。[①] 因此，在研究中层管理者的领导行为的时候，学者多以战略实施的过程环境作为研究情境。有关战略管理的研究成果极其丰富且复杂，很多人已从不同角度进行了总结，在这里只对战略的概念、实施过程等方面的研究成果进行总结；更重要的是，从微观角度对中层管理者的管理活动进行梳理。战略修正是战略实施过程中的一种重要现象，对战略实施的有效性和企业目标的实现有重要的意义，在此也作出分析。

一、战略管理理论评述

（一）战略的概念

1. 亨利·明茨伯格（Henry Mintzberg）的"5P"概念

战略概念之所以具有不同的内涵，是因为研究者有不同的研究目标，为研究不同类型的企业而采用不同的内容。对同一企业，从不同角度研究不同问题时，对战略的定义也会有不同的内涵。根据这个观点，明茨伯格教授总结出战略概念的五种内涵（被归纳为"5P"）：计划（Plan）、策略（Ploy）、模式（Pattern）、定位（Position）和观念（Perspective）。

第一，战略是一种计划（Plan）。该理论认为，战略是企业管理者精心制订的一个计划，是围绕企业目标从一种运营状态向另一种运营状态转化的步骤、时间安排，是一系列策略的组合，是企业在这一系列的行动之前就已经制定出来的一种预期的远景，是企业的一种常规的管理活动。根据这一概念，战略应

---

① Whittington R. Putting Giddens into Action: Social Systems and Managerial Agency. *Journal of Management Studies*. Vol. 29, 1992.

具备两个特征:(1)战略是在组织业务工作启动之前出台的;(2)战略是作为一个程序写在企业的官方文档里,这些文档具有不同的权限,只对内部开放。

第二,战略表现为一种策略(Ploy)。战略可能是企业组织在应对威胁或者机会时采取的一种策略,是对竞争对手形成一种压力、并战胜对手的有力武器。例如,当知道对手在研制新产品时,自己必须及时作出新产品的研发计划,并拨出专项研发资金。其目的是,一方面保持本企业产品的领先地位,做好技术储备,另一方面给竞争对手一种强大的压力,使之回归原来的竞争态势。这种以竞争对手为目标而采取的应对方案,体现了战略的策略性。

第三,战略是一种模式(Pattern)。在战略的内容上,计划的概念和模式的概念相互独立。从时间上看,计划往往是在行为之前形成的;模式则是在长期的行为之后形成的,无论行为之前有无计划。由此,明茨伯格提出了既定的战略和实现的战略两个概念。既定的战略就是由高层管理者经过战略活动制定的战略计划。实现的战略就是现实中的一系列商业活动或者活动结果。当既定的战略计划不能付诸实施时,就会通过一定的方式取消掉,这些战略被称为"不能实现的战略"。有些战略很顺利地实施完成,成为实现的战略,被称为"精确的战略"。这是一种动态的战略观点,它将整个战略看作一种"行为流"的活动系列,以指导目标的实现。

凭借战略的这种特征,可以将战略理解为一种过程,表现为组织的各种目标的实现和各种成果的获得的总和,而并非只是业务活动之前的计划和措施等。组织可能事先没有具体的计划或者措施,但是只要有组织的商业活动,并且获得了各种具体的成果,这就体现出战略的意义和成果。

组织行为模式表现出的文化特质,是在组织长期发展中形成的。战略计划是否有效,是否符合企业的环境状况,是否在未来得到有效实施,取决于战略与组织文化是否匹配。如果战略需要改变这种模式,首先就要认清楚它的困难性,即战略变革的难度。

第四,战略是对企业的定位(Position)。定位就是认清组织在资源、市场、竞争力甚至社会责任等方面与对手相比的地位。战略定位除了外部环境,还有内部环境,主要是在行业结构中确定目前的位置。需要根据掌握的资源包括自然资源和人力资源以及组织结构特点,确定组织要达到的位置。波特的"五力模型"充分体现了这种思想。实际上,竞争优势本身就是一种定位。

第五,战略是一种观念(Perspective)。战略体现出组织及其成员对周围环境的认知方式,体现出组织文化的核心及价值取向。这种价值取向一般是由最高决策人员有意识地灌输到组织中的。组织的最高决策人员在长期经营活动中,形成了自己的是非判断标准,并以此为导向制定各种战略措施。如果这种判断是正确的,据此推行自己的战略,组织就会获得大踏步发展;如果这种判断是错误的,不仅组织得不到发展,战略得不到推行,而且还可能使组织遭受重大损失。

在一定意义上,战略同组织文化、价值取向、行为共识以及组织的人、财、物、组织结构、生产方式、商业模式等融为一体。战略反映在员工的职业生涯、个人期望、行为模式中,使企业上下形成统一的活动方式,步调一致。

2. 查菲(Chaffee)的三种战略模式

第一种是直线型战略模式。战略是由一系列相互协调的决策、活动或者计划构成,其结果是实现组织的目标。目标和实现目标的方法是战略决策的结果。这种模式有一个内在的假设,就是组织内部的要素紧密相连,可以无成本使用,一般不受环境影响,或者影响是预知的,如运输费、电费等能够预先确定,变化很小。该模式以实现目标为最终追求,可以用线性规划的方法制定战略。

第二种是适应性战略模式。这是一种较复杂的模式,要解决的问题是"外部环境中的机遇和风险与组织内部利用这些机遇的能力和资源之间的实际匹配"。前提条件是:(1)组织具有高度的开放性,与环境之间的交换关系密切;(2)要求组织随时判断环境的变化,并及时作出反应,以适应环境的变化。

第三种是解释性战略模式。这是一种更为复杂的战略模式,它涉及组织的方方面面。该模式表明,战略就是一种价值观的传递,"向资金持有人提出一些比喻或参照系,使他们借以了解组织及其环境,相信某些方法会对组织产生有益的效果,并决定以此执行"。其内在假设是,组织和环境的结构都具有社会性;组织中的个体具有公民性和自由意志;组织同样具有高度开放性。

从中层管理者的观点来看,大部分遵从直线型战略模式,与明茨伯格的计划观点相似。也有一些中层管理者认为,环境、客户和战略是组织成功的保证,反映的是查菲的适应性战略模型,但是更接近于明茨伯格的定位战略观点。

(二)对战略实施过程的认识

1. 布儒瓦(Bourgeois)的战略实施观点

布儒瓦等人将战略实施划分为五种模式:命令模式、变化模式、协作模式、文化模式、成长模式。他们认为,随着时间的流逝,战略思想趋向于越来越复杂,而在实际操作中却越来越简单。[①]

---

① Bourgeois R A. A Process Model of Internal Corporate Venturing in the Diversified Major Firm. *Administrative Science Quarterly*. Vol. 28, 1983.

在命令模式中，普通管理者在经过一段时间详细的战略分析后，作出战略决策，呈报给高管层，然后等待结果。这个模型的特点是将组织的思想者和行动者割裂开来。

在变化模型中，普通管理者在作出决策以后，根据计划进行组织结构重建、人员变动，并制订新的计划，建立文化适应机制以及信息评估和补偿体系，以支持战略实施过程。

协作模型要求建立一个管理团队来进行战略决策。普通管理者利用群策群力和头脑风暴方法获取不同的观点，并将有益的观点应用到战略实施过程中。

在文化模式中，管理者将所有参与战略实施的元素融入到组织的最底层，围绕战略实施的中心问题"如何使整个组织实现组织目标和符合战略要求"，让所有员工参与实现愿景的工作程序，普通管理者指导整个组织的活动。

在成长模式中，战略计划更多的是来自组织的底层，由下向上呈送至高管层。中层管理者的作用就是广泛地说明组织的目的，借此鼓励员工的创新意识，然后从众多的创新方案或者可行的战略计划中选择最好的呈报到高管层并予以实施。

2. 诺贝尔(Noble)的战略实施观点

诺贝尔将分散的各个流派的战略实施观点进行了广泛的研究。他主要关注战略的实施过程，将这些战略实施的观点定义为战略计划的沟通、说明、接受、制定法规等。①

诺贝尔对结构过程的观点和说明过程的观点进行了严格的区分。结构过程的观点主要针对正式的组织结构和控制机制，而说明过程的观点是指对一些战略问题的理解，如战略一致性、自发的战略行为、战略观念的散播、领导和实施模式以及沟通和其他相互作用过程等。

3. 按战略实施方式分类

约翰逊(Johnson)等人认为，战略对于组织是很重要的。根据战略的过程和结果的不同，可以将战略概念分成四种方式②：

(1)经典方式。该方式来源于早期的钱德勒等人，主要是分析、制定正确的战略，并说明组织的市场定位；在详细地分析和配置的基础上形成战略，然后组

---

① Noble K L. Building Theories from Case Study Research. *Academy of Management Review*. Vol. 14, 1989.

② Johnson G, Melin L, Whittington R. Micro Strategy and Strategizing: Towards an Activity-based View. *Journal of Management Studies*. Vol. 40, 2003.

织实施。其中，一个相关问题是，建立什么样的组织结构才能适应这些高层管理者制定的理性战略决策。但是，经典方式没有考虑在战略实施过程中其他组织成员或者高层管理者在决策过程中可能出现的非理性问题。

(2)进化方式。该方式依据的是市场生物学原理，即适者生存的自然法则。该理论认为，管理者(或其他人)的战略决策是不重要的，他们的作用是保持低廉的交易费用和开放的选择权；环境将使组织沿着战略方向前进。

(3)过程方式。该方式承认管理者认知能力的局限性，以及组织受微观政策的约束。它批评计划的万能性，认为这不过是管理者自我安慰的形式罢了。除了人们的有限理性以外，战略过程中的意外情况也是需要考虑的。

(4)系统方式。该方式认为战略是社会活动的组成部分，植根于社会和经济系统中。具体的理性方式产生于文化条件下；国家不同甚至组织不同，文化也不同。

随着文献中各种分歧的出现，人们开始从微观层面上研究战略管理。微观的观点与宏观传统的高度抽象、广泛聚类和严格的概念相对立，而且与组织和管理活动的复杂性相对抗。约翰逊和惠廷顿等认为，从微观层面上进行研究还有两个经济学上的原因：第一，随着市场的开放，劳动力的流动性增强，信息更加充分，竞争优势越来越依赖于“难以辨别、难以交换的微观资产”；第二，由速度、差异和创新引起的过度竞争改变了战略竞争的水平和频率。所以，无法只从高层管理者的行为角度去理解战略活动。高层管理的观点在战略管理领域一直占有主流地位，因此，越来越多其他方面的研究可以认为是一种重要的转变。

4. 按战略执行结果分类

根据惠廷顿的观点，战略就是组织成员对共同目标的有效追求。另外，我们还采用了一些辅助概念。

既定战略(intended strategy)，一般是指企业高层经过调研、反复论证后形成的一套完整的战略计划。传统战略管理研究将战略过程分为战略计划的形成过程和战略计划的实施过程两部分。战略计划的形成过程和方法是战略管理研究的重点内容。随着对战略管理的深入研究和新型企业的不断出现，以及新的管理技术和管理方式的不断涌现，战略计划的形成也呈现多种形式，如海信集团的“三上三下”式、海尔集团的 SBU 等等。但是既定战略仍然是企业战略管理的重要文件，它包括了战略目标、战略步骤以及战略效果的检验标准等，是指导企业平衡发展的方针。

实现的战略(realized strategy)，是指经过战略计划的形成和战略计划的实施过程后企业呈现的变化，这些变化与所实施的战略过程有关。约翰逊等认为，实现的战略所呈现出的变革，与战略计划的目标往往是不一致的，只有极少数的战略过程能够实现计划的目标，我们称之为“精确的战略”。① 影响的因素有很多，如决策者对环境或者市场的认识、环境的变化、员工的合作意识等，都可能使战略计划不能实现最终的目标。

没有实现的战略(unrealized strategy)，是指战略计划由于各种原因，在实施过程中或者没有开始就被放弃了。比较典型的是惠普公司的新产品计划。公司每年的新产品都是经过市场调查后开发出来的，并且大部分都具有推广推介方案。但是公司需要根据财务状况、发展目标等选择推向市场的新产品，所以有大量的新产品方案仅是纸面上的东西。

精确的战略(deliberate strategy)，是指战略的实施结果与既定的战略目标相一致的战略。要实现精确的战略，首先要求决策者必须对外界环境和组织内部条件有非常正确的认识，这样才能制定出切实可行的战略目标。其次就是组织实施过程非常顺利，变革阻力很小，或者可以非常有效地克服各种阻力。最后是对战略实施效果的评估有效、可信，能够得到员工的信赖。

传统战略管理理论研究的主要内容就是寻找精确战略，或者研究寻找精确战略的方法。资源学派、能力学派等均以寻找精确的战略计划为宗旨。在过程学派中，也有学者将战略计划称为“精确战略”。

应急战略(emergent strategy)，是指当企业经营出现新的情况时，短期内制订的一种应急方案，或者当既定的战略方案失败时，需要紧急制订一个应急方案予以实施。

战略实施就是将既定战略转化成实现的战略，一般是寻找精确战略。既定战略可能成为失败的战略，而应急战略则成为实现的战略。因此，我们可以把战略定义为“一系列活动中的模式”。

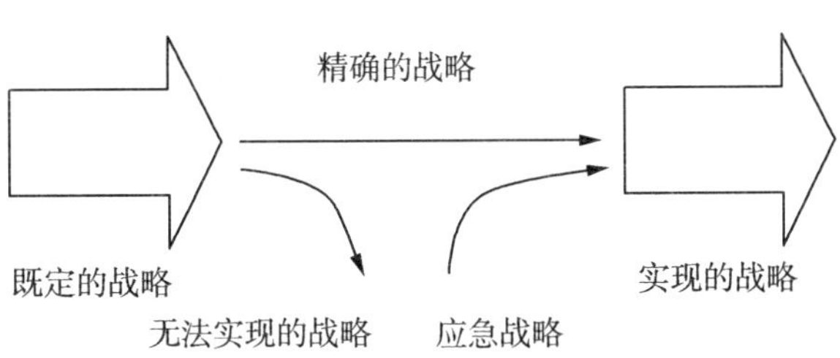

图 1-1 不同战略形成的战略过程

① Johnson G, Melin L, Whittington R. Micro Strategy and Strategizing: Towards an Activity-based View. *Journal of Management Studies*. Vol. 40, 2003.

在对战略过程的定义中，部分学者混淆了对内容和过程的划分；同时，“对战略过程本身的研究也相互矛盾，不能够在同一个案例中体现出来”。研究者试图澄清这些定义，使对战略过程的研究变得容易理解。活动是由人来完成的，但并不只是高层管理人员的活动；组织中其他人的活动也是组织战略过程的组成部分。所以，战略过程包括计划过程的各个环节，但不仅限于它们；就像思维和身体相互协调一样，战略的形成与实施、规范的计划过程和无序的日常活动是不可分割的整体，共同构成了战略过程。

范德文（Van de Ven）以“解决战略过程是如何随着时间而展开的、为什么这样进行”作为战略过程理论的先决条件。① 在这项研究中，结构化理论成为战略过程的理论基础。战略过程可以看作一种结构，是一个正在同时进行着的活动流、一系列规范化的惯例，或者对这些活动的各种形式的反思和约束。

明茨伯格认为，组织的战略将高层管理者的意图带给组织，同时也形成了组织的实施方式。② 具体的战略实施过程如图 1-2 所示。实现的战略之所以与开始既定的战略不完全相同，是因为在战略实施的过程中既包含着执行的过程，也包含着修正的过程——执行模式和修正模式。

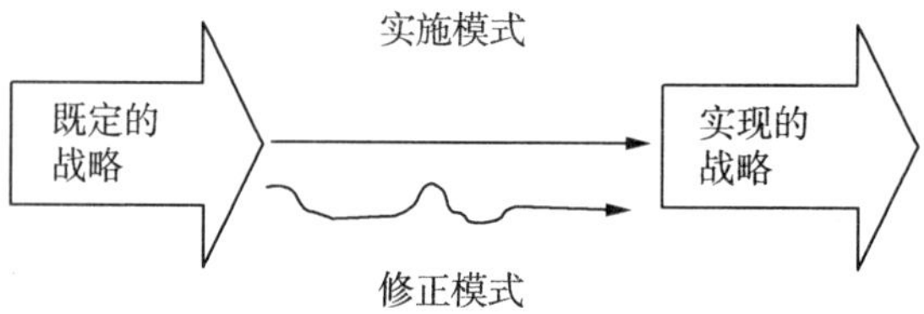

图 1-2　战略过程的两种模式

二、战略修正相关文献

（一）战略修正的概念

战略修正过程在战略实施过程中起到很重要的作用，能够促进组织实现战略目标，提高组织绩效。组织重视战略修正过程的机理，能够及时跟进新技术的发展和市场的要求，研发出受消费者欢迎的新产品。在公司财务出现问题时，通过调整战略计划并推进实施，能够使资金使用效率得到提高，实现公司的战略目标。

---

① Van de Ven A H. Suggestions for Studying Strategy Process: A Research Note. *Strategic Management Journal*. Vol. 13, 1992.

② Mintzberg H. *The Nature of Managerial Work*. New York: Harper & Row, 1973.

表 1-1　　　　战略修正概念总结

研究者和时间	名称	内涵
Poole(1995)	战略变革	组织在形式、质量和状态上作出的调整,以配合特定的环境变化
Mintzberg(1978)	战略修正	这是力图改变既定战略意图的过程,其推动者和执行者主要是中层管理者及其下属团队成员
Johnson & Whittington (2003)	战略修正	战略修正过程表现为战略实施中对新的市场机会和威胁的识别,并提出新的方案;说服高层管理者实施新方案的能力;贯彻方案的能力
Verworn (2004)	战略修正	市场出现新的机会或不确定性,中层管理者或者操作人员通过信息综合与反馈,获得高层的支持
Smith & Reinertsen (1998)	战略修正	市场变化、新技术因素迫使管理者快速更新设计方案，这需要得到高层及财务方面的支持，避免损失
McGrath (1996)	战略修正	对战略实施过程中出现的问题予以解决,关键在于财政的支持力度和中层管理者的主动性
Koen & Reilly (2005)	战略修正	这主要指战略实施过程中对风险的识别;中层管理者和团队主动制订新方案,并获得公司的支持
Levy & Malz (2001)	战略修正	反映信息处理的综合能力,其本质是战略目标的改变,关键在于获得高层管理者的支持

战略修正概念的提出,为探索战略过程的"黑箱"提出新的方法和途径,丰富了战略管理理论体系。战略修正概念的内涵主要体现在以下几个方面:

第一,战略修正过程是在战略实施过程中发生的。战略计划的内容一般是在高层管理者中产生的,在实施之前决策权在总经理手中。为了使战略计划能够符合公司的宗旨目标,以及适应外界环境的变化,管理者会对计划进行反复修改,可能会让一部分中层管理者参与战略计划的制订,这些活动不属于战略修正的范畴。只有在战略实施过程中,发现新的威胁或者机会,或者发现计划有不完善的地方,这时进行的计划修改和活动的改变,才属于战略修正。

第二,战略修正过程中活动的主体是中层管理者。战略活动的决策权在公司的高层;一旦战略实施活动开始,则大部分的活动将不受高层管理者的控制,活动的主体将下移至中层管理者群体。中层管理者处于组织的中间位置，既是最接近市场或者操作层的管理者，又是最接近高层的管理者。在战略实施过程中出现的问题首先反映在市场或者工作车间中，或者财务的资金流中，因此，信息综合、促进适应性、支持战略的改变、方案的执行等都发生在中层管理者群体中。

第三，战略修正过程一般包含三个复杂的过程：(1)威胁或机会的识别；(2)由主动性产生的理念甚至方案；(3)与高层管理者沟通并获得支持。在战略实施过程中，市场上的机会或者威胁首先是由最接近市场的营销人员和部门经理人员感觉到，因此战略修正过程多从信息综合开始，并由此形成主动性的修改战略计划的建议。接下来，中层管理者就形成的方案与高层管理者和统计部门的管理者进行沟通，达成共识，获得高层管理者及相关部门的支持，这样方案就出炉了。最后是新方案的推行，管理者通过各项活动推动方案实施。

第四，战略修正过程可能发生在目标、实施过程的各个阶段。战略目标发生变化是战略修正幅度较大的情况，当环境变化导致既定的方针、政策已经不适应公司发展的需要时，就需要确定新的增长方式和目标。由市场问题、财务问题等造成的战略修正，可能影响战略目标，但不会影响经营方向。

(二)对战略修正过程的认识

1.战略有效实施模型

汉布瑞克(Hambrick)等提出的战略有效实施模型认为，战略实施过程应该包括五个方面的内容：(1)广泛参与，即在战略计划的初期制订阶段就获得了多数人的参与和人力物力的投入；(2)认清障碍，认真调查、准确评估战略实施可能遇到的障碍；(3)各种早期活动，包括资源配置计划、政策、措施、人员安排等；(4)战略推销，自上而下、自下而上、由内到外、由外到内做好宣传，所有员工及相关者都了解方案；(5)快速反应，在战略计划执行过程中发现问题或潜在问题时，要快速作出反应。[①] 战略实施模型提出的重要意义在于，该模型将战略的实施过程分解为实际执行层次和战略推销层次。实际执行层次包括资源承诺、部门计划、结构设计、奖励制度的建立、人员安排等等。战略“推销”是管理者通过会议、非正式讨论等活动，让全体员工接受战略计划的理念和企业定位。在战略实施过程中，由于市场、资源和组织结构发生变化，企业应该对战略的内容和实现的方式作出一定的调整和转变。

战略有效实施模型不但清晰描述了战略的各个过程，而且还体现出明显层

---

① Hambrick D C, Chen M J. The Influence of Top Management Team Heterogeneity on Firm's Competitive Moves. *Administrative Science Quarterly*. Vol. 41,1996.

次性。在实际的执行层次中，其构成方式与其他学者提出的内容基本相似；但是，在战略“推销”层次中特别强调战略共识的重要性，这是顺利推行战略的重要因素。该模型还强调了对执行障碍评估的重要性，要求在战略实施过程发生前就要仔细进行评估。从模型可以看出，实际执行和战略推销两个层次具有较强的独立性，汉布瑞克由此认为这两个层次对战略实施过程具有不同的作用。

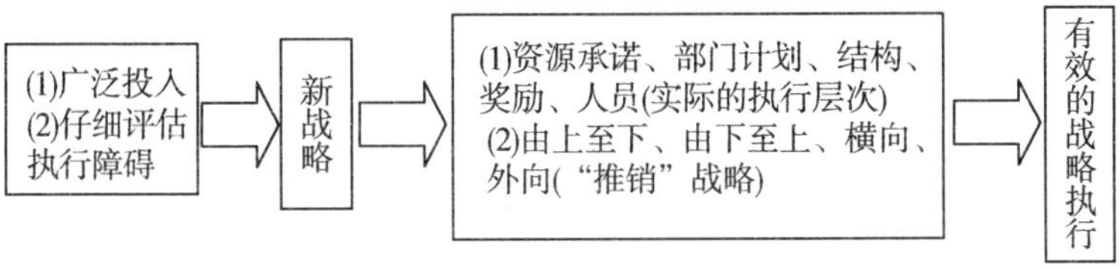

图 1-3 汉布瑞克的有效实施因素

2. 内容学派的战略实施模型

有学者在研究战略过程时强调了“修正组织的内部战略目标与经营计划及控制系统”，认为这个子过程是战略执行的一个部分。① 这与汉布瑞克的理论不同：战略有效实施模型将战略实施过程分为相对独立的实际执行过程和战略推销过程两个层次。

战略过程的修正模式与战略变革的概念是不同的。根据研究的问题和方法不同，可以将西方学者划分为战略变革内容学派和过程学派。以金斯伯格(Ginsberg)为代表的内容学派主要将研究内容集中于战略变革因果问题。过程学派研究的重点是战略实施过程中管理者的行为和作用。同时，两大学派都提出了自己的结构模型。其中，内容学派提出的战略变革模型具有代表性，如图 1-4 所示。

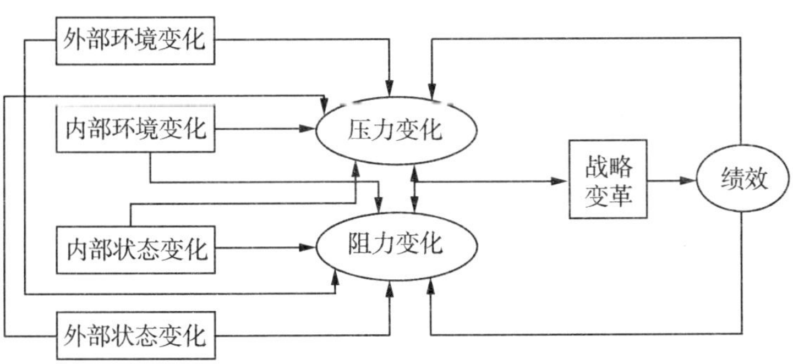

图 1-4 内容学派的战略变革模型

① Inttner H, Lareker M & Tsai W. Zooming in and out: Connecting Individuals and Collectivities at the Frontiers of Organizational Network Research. *Organization Science*. Vol. 16, 2005.

内容学派提出的战略变革模型主要是在外部环境和内部环境以及外部状态和内部状态发生变化的背景下，组织高层管理人员由上而下推动的战略变革。从金斯伯格提出的战略变革模型来看，其基本思想有以下几个方面：(1)变革压力和变革阻力相对平衡状况决定了组织变革的方向；(2)变革的直接动力和阻力都是组织内部环境变化的结果；(3)当内外部环境不发生变化时，也会对战略变革产生压力或者阻力；(4)组织绩效既是战略变革的结果，又是战略变革的动因或者阻力；(5)不同的因素不但影响战略变革的发生，而且还影响战略变革的类型。①

3. 过程学派的战略实施模型

过程学派注重研究在战略过程中，各种内外部环境的变化对人员行为和行动的影响。其中莱尔斯(Lyles)的战略实施模型比较有代表性，如图 1-5 所示。其模型的基本思想为：战略过程就是在特定的环境下对行动域和行动的再选择，每次再选择的行动域和行动是由管理者根据先前的选择、各种内外部环境、事件、战略定位、行动的客观空间作出的。战略变革可以描述为一个不断对行为领域进行解释和选择的过程。换句话说，这也是一个不断学习的过程。②

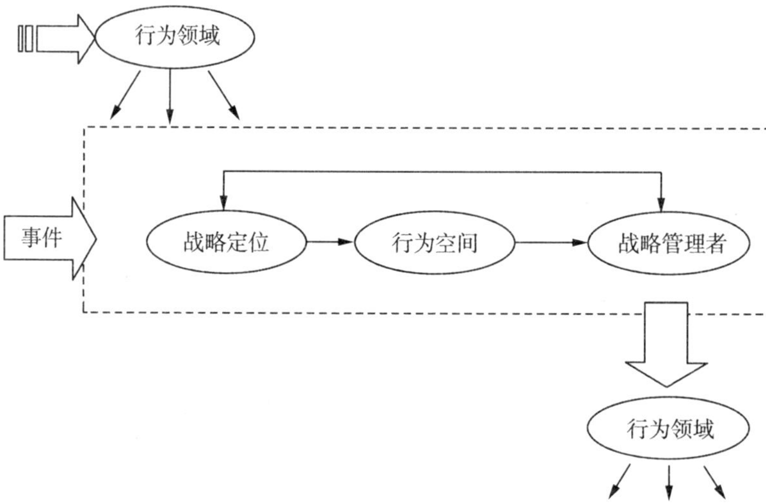

图 1-5　过程学派的战略变革模型

斯伯莱茨将内容学派和过程学派的理论加以融合，提出了一个综合的理论

① Ginsberg A & Venkatraman N. Investing in New Information Technology: The Role of Competitive Posture and Issue Diagnosis. *Strategic Management Journal*. Vol. 13, 1992.

② Lyles M. Formulating Strategic Problems: Empirical Analysis and Model Development. *Strategic Management Journal*. Vol. 2, 1981.

框架模型，如图1-6所示。该模型引入了管理行为和管理认知两个概念因素，使其具有更强的解释性和完整性。引入管理行为这个因素，使战略实施理论更加清晰，模型更加完整；引入管理认知因素，为管理行为的发生和发挥作用提供了一种解释，更符合实际。此理论模型实现了两大流派的融合，丰富了战略变革理论。

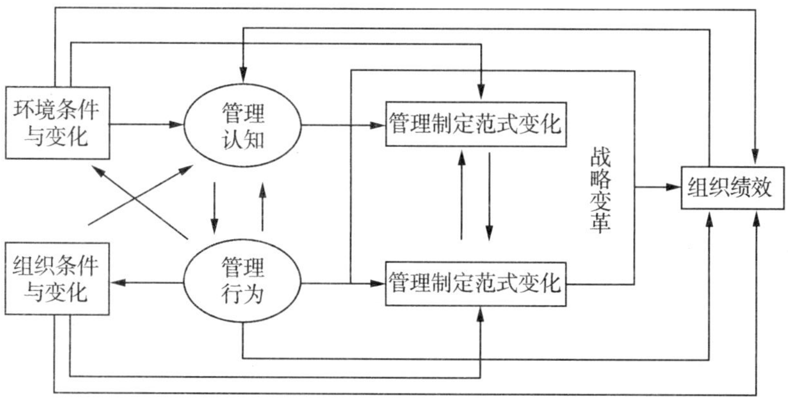

图1-6 综合战略变革理论模型

通过分析内容学派、过程学派的模型以及综合理论模型，结合本书的研究主题，可列出下列关系：

(1)组织内部环境和外部环境变量对战略实施过程的影响。

(2)管理认知和管理行为变量对战略实施过程的影响。

(3)战略实施过程、管理行为、组织内部条件和外部环境变化与组织绩效的关系。

(4)战略实施过程中的战略修正与管理者行为二者之间的关系。

从上述分析来看，战略管理理论包含了战略过程中的战略修正过程，这是我们分析战略修正过程的理论基础。

(三)影响战略修正过程的要素

战略修正过程是战略实施过程的重要组成部分，战略过程的演化方式决定了战略修正的方式。以核心竞争力理论为代表的战略选择理论认为，企业的竞争优势取决于其掌握的资源和能力，即或者掌握独一无二的资源，或者具有优越的管理能力。以生态学理论为基础的生态种群理论认为，组织的生存能力取决于组织适应环境的能力，环境适应性强的组织就能够生存发展，不适应环境的就会被淘汰掉，这实际上就是生物进化论在组织理论中的体现。由于这两种理论均没有足够的证据支持，研究者开始从共同演化的视角将两种理论范式融合在一个模型中。共同演化观点认为,组织中个体之间的相互作用是变革发生的原因和动力,这种动因既取决于组织之间的直接作用,也与整个系统的反应有关。具体如图 1-7 所示。

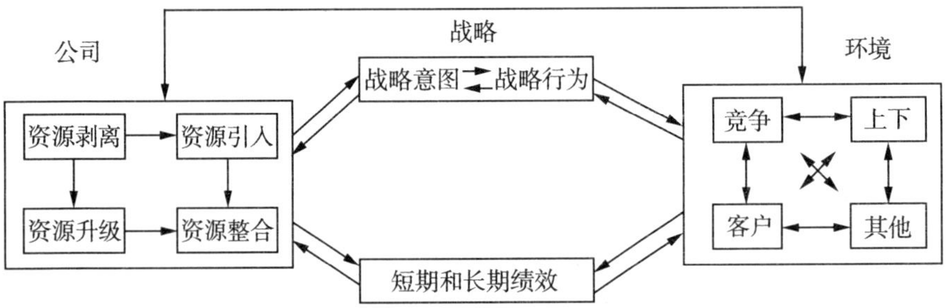

图 1-7 战略过程的影响因素

由此可见,共同演化理论的基础和前提条件是:(1)相互竞争或者互补的企业之间有差异;(2)个体和组织之间的学习能力有差异;(3)企业之间、个体之间、企业与个体之间相互作用。共同演化理论为战略实施过程的分析指出了一种分析框架。也就是说,组织系统中各种要素的相互作用以及外界环境的作用,是推动战略实施过程的动力。同时,这些因素和环境相互作用,使战略过程各具特色。

作为战略实施过程的重要组成部分,战略修正过程也会受到以下因素的影响。

1. 组织结构

根据组织适应复杂环境能力的不同,可以将组织划分为机械组织和有机组织两种类型。机械组织由于结构简单,更容易在稳定环境中生存和发展;而有机组织由于其结构较复杂,能够改变自己的特性以适应环境,因此当外界环境发生变化时,其更容易发生战略修正,从而达到战略目标。

2. 组织的外部环境

战略的外部环境对战略过程的影响主要来自于企业所处的行业环境。行业的竞争环境是企业变革的直接动力,行业特征决定了企业战略形成的路径。这些特征包括行业需求的增长率、产品差异化的潜力、供应商行业的结构以及技术等。行业的制度环境的变化会强化或者改变战略过程中企业的竞争结构,如行业标准、行业准入制度以及质量和安全等方面的规定等。企业要寻找新的战略路径,就必须打破原有的制度体系,这并非易事。

米勒(Miller)通过对 56 家大型企业战略实施过程的研究,认为外部环境的变化对企业的战略修正有较大的影响。① 史密斯等人对影响战略过程的环境因素进行筛选,发现降低管制、技术变革等因素的变化对战略过程有较大的影响。对影响过程和机理的研究进一步证明,外部环境的变化不会直接影响企业对战略理念或者战略定位的修正;只有当管理者的行为发生变化,如更替 CEO 或者企业的经营不佳时,这种情况才会发生。②

3. 内部环境因素

组织内部环境包括很多方面,对战略过程产生直接影响的主要是组织因素和成员的行为因素两个方面。组织方面包括组织过程、战略计划以及相应的规章制度;个人方面则包括思维模式、领悟能力等。韦克(Weick)认为,思维定式是管理者在长期的管理活动中形成的,是管理者主观地将各种因素的重要性进行排序,自动忽略掉一些因素,同时也会增加一些因素。③ 焦亚(Gioia)等人认为,管理者的思维模式对战略过程的影响受到企业政策和计划的约束和调节。思维模式的惯性会在环境发生变化时发生作用。④ 凯斯勒(Kiesler)提出,管理者的活动都是由行为模式支配的,这些行为模式是在过去的长期实践中形成的,现在仍然发挥作用。管理者行为模式引导了组织的战略决策路径和实施方式,影响了管理者对战略目标的制定、资源分配以及组织结构的变革等。⑤

4. 绩效的影响

公司绩效对战略过程的影响比较复杂。一项研究表明,只有当业绩非常差的时候,触发战略变革的可能性才较大。还有研究表明,在公司业绩非常好的时候,也容易触发战略变革的实施,而那些业绩中等的公司引发战略变革的可能性最小。除此之外,当公司内外部环境发生重大变化时,容易触发战略变革,如市场结构发生变化、公司高层发生重大人事变动、新技术的使用等等。

5. 行为人

战略行为人的影响主要体现在管理者身上,包括高层管理者和中层管理者。行为人在组织中承受着战略变革的压力和阻力。经营业绩、市场变化、新技术的应用以及新的生产方式的产生都会对他们产生压力,而利益、观念、成本等都会对其变革产生阻力。二者的较量决定着战略过程的发生与否。变革的

---

① Miles R E, Snow C, Meyer A D, Coleman H J. Organizational Strategy, Structure and Process. *Academy of Management Review*. Vol. 3, 1978.

② Smith K G, Smith K A, Olian J D. Top Management Team Demography and Process: The Role of Social Integration and Communication. *Administrative Science Quarterly*. Vol. 29, 1994.

③ Weick K E. *Making Sense of the Organization*. Oxford: Blackwell, 2001, pp. 201-205.

④ Gioia D A & Manz C C. Linking Cognition and Behavior: A Script Processing Interpretation of Vicarious Learning. *Academy of Management Review*. Vol. 10, 1985.

⑤ Kiesler S & Sproull L. Managerial Response to Changing Environments: Perspectives on Problem Sensing from Social Cognition. *Administrative Science Quarterly*. Vol. 27, 1982.

最终决策取决于高层管理者的意志，取决于高管们对战略机会、威胁的认识和反应。管理人员在战略过程中的作用因级别的不同而不同，因此也将他们分为中层管理者和高层管理者这两个不同的领域分别进行研究。

对高层管理者进行研究的专家被称为“企业家学派”，由于高层管理者拥有战略决策权，因此这一学派的研究大都集中于高管们在战略计划制订中的作用方面。这些研究得出如下结论：决策工具如财务分析等，在复杂的决策中几乎没什么作用，高管们大都凭借自己的经验和偏好进行决策。在战略实施过程中，他们更容易改变实施定位，而不容易改变战略的理念和战略大方向及框架，因此战略修正是有限的。组织的文化和观念一旦形成则很难改变，管理者大都无法控制社会上具有象征意义的现象的发生及其影响。为了达成战略共识，保证战略过程的顺利进行，高层管理者们必须借助于有象征意义的符号、标志性人物等强化概念和统一思想。

研究中层管理者作用的学派，主要从管理者的活动和活动背后的逻辑中探讨其在战略实施过程中的作用。中层管理者处于中心位置，向上接受高层管理者的命令，并反馈执行情况；向下分配任务，发送信息，因此被认为是战略实施过程的中坚力量。

（四）对战略实施过程的理论评述

根据对战略实施的研究可知，战略实施过程由六个子过程构成：(1)确立企业组织内部的具体目标；(2)进行组织战略选择和相应的组织设计；(3)分析并识别提高组织价值的重要因素；(4)制订活动计划和企业的绩效考核指标；(5)对各种活动方案的执行效果进行评价并对组织和管理者的绩效进行评价；(6)根据计划执行的效果和绩效评价情况修正组织目标与控制经营计划。国内学者认为这六个子系统构成所谓的战略执行力的“六个因素”。

战略修正概念的提出为战略实施过程分析提供了新的分析方法，凭此可以清晰地解释战略计划如何能够在现实演进中转化为现实的战略。从国外的研究文献中可以看出如下特点：

第一，这个领域的成果大多数都是从具体的实践中得出的，如营销部门根据对风险的识别重新审视公司的战略计划；前沿研发部门根据用户需求的变化和新技术的产生改变战略计划；等等。在对这些具体情境的研究中，因对因素变量的分析侧重点不同，没有形成具有普遍性的特征变量。

第二，在研究方法上注重对中层管理者的活动的分析；2000 年以后出现了一些利用变量进行分析的文献，但仍然是以中层管理人员的活动为基础，重点分析对战略修正的影响方面。

第三，对战略实施过程的研究主要集中于对绩效的控制上，多以 20 世纪 90

年代后的平衡记分卡为基础。

本书选择以战略修正的过程和特征为因变量，重点研究战略过程的影响因素。

三、战略实施过程中人员的管理活动

（一）对中层管理者的认识

莱温特（Levinthal）认为，组织中的生活充满着必须适应各种行动指令的许多事件。事件和指令之间的关系成为组织研究的首要问题，如行为与认知，控制和自主过程，分析和处理信息，概念和非概念的认知，思想和身体以及常规和非常规行为，等等。[①] 正如索卡思（Tsoukas）所描述的：组织的明显特征就是产生重复的行为，这些行为是利用明确规定的、规范化的角色形成的。[②] 我们认为一个活动是组织的活动，意味着在特定环境下的行为状态与特定的角色相联系，组织活动为成员提供了一系列给定的认知类型和行动选择的类型。因此，在这个观点上，组织就是按照普通的属性对各种不同的活动进行归类。

中层管理人员作为一个群体，在企业组织中的重要性已经引起了研究人员的重视，他们在战略实施、战略更新、计划执行、组织重组、组织变革等方面起着至关重要的作用。首先，这种重要性与中层管理人员在组织中的中心位置有关，他们能够获得来自市场和顾客的很多信息，并用以解决战略问题、计划落实问题。与高层管理者相比，中层管理者与客户直接打交道，并专心于这项工作，这就给了他们更多的机会来获得信息和知识，进而解决战略、计划以及正常管理活动中遇到的问题。中层管理者在组织中的中层位置，使他们的活动成为高层管理者和底层员工的“中介”。约翰逊等人纵向、实时的定性研究显示了中层管理者的活动到底如何成为“传闻”的基础，即中层管理者像幽灵一样传播故事、闲话等。另外，中层管理者的这种“传闻活动”也影响了他们的组织行为，进而影响到对他们所采取的行动的解释。[③] 伯格曼（Burgelman）通过一系列的研究认为，中层管理者在新战略形成的一开始是以自主的方式参与的，而在实施

---

① Levinthal R. Crossing and Apparent Chasm: Bridging Mindful and Less-mindful Perspectives on Organizational Learning. *Organization Science*. Vol. 17, 2006.

② Tsoukas H. *Complex Knowledge: Studies in Organizational Epistemology*. Oxford University Press, 2005.

③ Balogun J & Johnson G. Organizational Restructuring: The Impact of Middle Manager Sense-making. A paper presented at EGOS Colloquium, Copenhagen, Denmark, 2003.

过程中则相互影响，并进而影响组织的绩效。①

这种组织的行为，表现在日常的组织生活中，即组织通过明确的目标约束成员的日常活动，并在活动过程中形成新的组织结构；表现在战略管理过程中，即中层管理人员的行为对组织战略的实施效果会产生很大影响，同时会影响到组织的结构和制度的改变。适应这种“改变”，管理这种“改变”，使这种“改变”能够向着有利于实现组织目标的方向发展，是研究者面临的重要课题。

（二）中层管理者的作用

中层管理者处于高层和操作层之间。这样独特的位置，决定了他们在其中的纽带作用。传统上认为，中层管理人员只是负责实施既定的战略计划，而这些战略计划的细节都已经很清晰。这种角色定位一直到 20 世纪 70 年代为止，此后他们的作用逐渐得到更广泛的重视。第二次世界大战以后，随着中层管理者阶层的不断扩大以及自身专业化趋势的增强，该群体呈现出与组织的其他成员不同的特点。他们将承诺人格化，逐渐成为公司能力的核心。

在竞争全球化、顾客需求差异化的背景下，公司的外部环境变化剧烈，中层管理者需要发挥出自己的主动性和创造性来应对挑战，从而在一定程度上支撑了高层管理愿景。如表 1-2 所示。

表 1-2　　中层管理者工作导向的变化

传统导向	现在导向
在功能边界内协调	跨越边界（跨越边界建立关系）
控制增长	支持创新
执行计划	综合信息
应用新技术生产	鼓励学习（传递技术）

中层管理者的这种工作导向的变化是产品或流程的外包形式发展的结果。竞争的加剧，顾客特征的变化，迫使企业专注于自己的核心活动，增加业务的服务成分，从而获得竞争优势。在这个过程中，中层管理者发挥了四个关键性的作用：

1. 综合信息。中层管理人员处于组织信息网的中心位置，他们有能力综合、分析信息（参与和诊断问题），并且影响操作层和高层管理者对问题的理解。

2. 促进适应能力。中层管理者促使各种行为的产生，在实践过程中负责协

① Burgelman R A. Strategy Making as a Social Learning Process: The Case of Internal Corporate Venturing. *Interfaces*. Vol. 18, 1988.

调和提供帮助，有助于战略的生成。

3. 支持战略的改变。作为联系者，中层管理者能够将一些自主创新的建议引入高层管理者的视野。在他们看到信息以后，进行非正式合作，并提供实践的资源，进而评估建议的可靠性。

4. 实施既定的战略。中层管理者把战略计划转化成可操作的计划，然后促进实施。

当然，在实施的过程中，中层管理人员必须将工作导向转变到关系管理和变革管理上，寻求创新，创建一种心理定向，并且鼓励下属去学习，保证既定的战略是企业当前最好的战略。

（三）中层管理者的不同角色

弗洛伊德等提出假设认为，中层管理人员通过两种方式参与管理，并影响组织的绩效：(1)他们的活动能够改善决策的质量，然后影响组织的绩效；(2)他们的活动能强化组织责任，从而促成战略计划获得更有效的实施，使组织获得更好的绩效。[①] 这项研究将员工分为四种不同的角色，有的向组织注入不同的思想，有的在战略形成过程中引入变化的行为。伯格曼认为，中层管理人员的行为是认知和行动相互作用的过程，战略管理过程需要秩序和分歧共同发挥作用。[②] 在此基础上，弗洛伊德等把中层管理人员的角色划分为斗士、工匠、黏合剂、信息传播者等。[③]

巴洛贡(Balogun)深入研究了中层管理者在变革中的角色作用。他采用实时的、纵向的、定性研究方法，对正在实施私有化战略的企业中的26位中层管理者进行了为期10个月的跟踪研究。其主要数据来自于管理者们的日记，还有一些是通过总结会、访谈、讨论和文件得到。通过归纳总结，他将变革中的中层管理者的角色分为：(1)个人承受变革；(2)帮助别人实现变革；(3)维持正常经营；(4)在部门中进行变革。巴洛贡认为，后两种角色与传统的管理与协作角色一致，前两种角色更应当引起重视，它们涉及中层管理者任务的一个重要方面——对变革的解释，使他们的行为对自己和团队而言更切实可行。研究中强调了非正式沟通过程对信息传播活动的重要性，但没有深入研究这种沟通的实际过程。

---

① Wooldridge B & Floyd W. The Strategy Process, Middle Management Involvement, and Organizational Performance. *Strategic Management Journal*. Vol. 11, 1990.

② Burgelman R A. Corporate Entrepreneurship and Strategic Management: Insights from a Process Study. *Management Science*. Vol. 29, 1983.

③ Floyd W & Wooldridge B. Dinosaurs or Dynamos? Recognizing Middle Management's Strategic Role. *Academy of Management Executive*. Vol. 8, 1994.

企业的目标、计划以及战略内容也影响中层管理者的思想和行为。瓦德西(Waldersee)利用综合案例模拟方法，对35个中高层管理者进行研究，以测定战略内容对领导行为的影响以及在战略实施中行为方式的选择问题。研究结果显示，战略影响管理者的实施意图。一个“雄心勃勃”的战略方案需要一个“参与”和“说服”的领导方式，即一方面将注意力集中在一些专家级的员工身上，以便随时进行技术革新和组织重组；而另一方面，则采用自上而下的方法，利用声明、命令和财务手段保证战略的顺利实施。

另外，中层管理者的绩效还取决于他们在权力体系中的位置，取决于他们所控制的有价值的资源，如财务上的奖励以及聘用、职位提升等权力。如果一个决策的实施完全是由高层管理者决定的，就会在中层管理人员中引起一定程度的认知混乱，这种“混乱”产生于新信息的传递过程和对关注点的重新选择。

古兹(Guth)等人利用期望理论对中层管理者在组织决策中的行为进行研究。他们认为，当自身利益受到威胁时，中层管理者会对组织的决策过程进行干预，进而影响到决策的实施效果。他们以来自不同行业、不同规模企业的90个中层管理者为样本，进行实证研究。通过分析，古兹认为，中层管理者在下列情况下对特定战略的实施缺乏热心：(1)战略成功的可能性很小；(2)他们认为即使个人再努力，组织也不可能获得所希望的成果；(3)即使组织获得了所希望的成果，也与自己的目标不相符或自己根本不需要。研究认为，当决策危及中层管理者的利益时，他们就会干涉，要么使高管改变战略方向，要么拖延实施的时间，要么降低实施的质量，总之是消极怠工。①

在战略计划决策体系中，是否存在正式或非正式的沟通机制，会影响中层管理者对组织的感觉。韦斯特利(Westley)研究了层级组织的决策过程与中层管理者的经历，以及他们的沟通习惯。该研究主要集中于组织中正式的和非正式的沟通机制。他认为，如果组织中没有这种让中层管理者相互交谈的沟通机制，他们会有被排斥在组织之外的感觉。相反，如果存在这种正式或非正式的机制，让中层管理者之间可以就战略计划或管理问题进行横向沟通，会增加他们的组织归属感，在一定程度上有利于战略计划的实施。②

弗洛伊德和伍尔德里奇(Wooldridge)在他们的文章中强调了中层管理者的重要作用。他们以中层管理者的管理活动为基础建立模型，认为可以把组织战略的形成过程看作“中层的社会学习过程”。自主创新精神(autonomous initiatives)产生于组织中层，并且企业的生存与否也取决于中层管理者的活动。

---

① Guth D & McMillan I C. Strategy Implementation versus Middle Management Self-interest. *Strategic Management Journal*. Vol. 7, 1986.

② Westley F. Middle Managers and Strategy: Micro-dynamics of Inclusion. *Strategic Management Journal*. Vol. 11, 1990.

所以，他们强调“战略研究应该得益于对中层人员的行为的观察”。①

总结以上的研究可以看出，中层管理者在组织中居于重要地位，对组织的战略活动有重要的影响。但是到目前为止，国内外学者还没有对中层管理者的“状态”进行系统的研究，即对“他们如何对组织做贡献以及是什么帮助他们履行自己的角色”还研究得很少。

中层管理者既是战略实施的执行者，也是组织变革的执行者。在大量的文献中，他们的角色受到广泛讨论，有的高调支持，有的则表示怀疑。早在 20 世纪 90 年代，有些学者就怀疑中层管理者的作用，有些则强调中层管理者角色的重要性。支持一方认为，中层管理者既有能力处理那些杂乱无章的战略信息，又有能力将有用的信息反馈至高管层。伯格曼强调了主动行为的重要性，认为中层管理者在制定新战略和说服高管层的活动中起到关键作用。② 古兹等进一步研究了战略实施过程与中层管理者个人利益的关系，并且认为，那些相信战略实施过程会有损自己利益的中层管理者，不仅能够改变战略方向，拖延战略实施过程，或者降低战略实施的质量，而且还可以为战略实施设置障碍。③

在战略执行的研究中，针对不同的管理层次，形成了不同的管理角色模型。这些模型描述了中层管理者在战略实施过程中的行为。弗洛伊德和伍尔德里奇的模型综合了“向上影响”“向下影响”“合成思想”和“分散思想”四个维度。根据这个模型，他们将中层管理者的活动分为四种主要角色，分别为支持方案改变、综合信息、促进适应性和执行既定方案④，如图 1-8 所示。

		行为活动	
		向上影响	向下影响
认知活动	分解	支持方案改变	促进适应性
	合成	综合信息	执行既定方案

图 1-8　中层管理者的角色类型

① Floyd W & Wooldridge B. *Building Strategy from the Middle: Reconceptualizing Strategy Process*. London: Sage Publications, 2000, pp. 134-138.

② Burgelman R A. Corporate Entrepreneurship and Strategic Management: Insights from a Process Study. *Management Science*. Vol. 29, 1983.

③ Guth D & McMillan I C. Strategy Implementation versus Middle Management Self-interest. *Strategic Management Journal*. Vol. 7, 1986.

④ Floyd W & Wooldridge B. *Building Strategy from the Middle: Reconceptualizing Strategy Process*. London: Sage Publications, 2000, pp. 134-138.

弗洛伊德等人称，在以前的研究中，有 10 种管理角色都是涉及信息处理和采取行动的。根据他们的分类，高层管理者具有批准、指导和认知等职能；中层管理者是通过支持战略改变、促进战略执行、综合信息和执行既定战略等活动，确保操作层和高层管理者之间沟通畅通；操作层管理者则以尝试、遵守等方式对信息作出反应。①

（四）现实性战略研究路线及理论评述

为了填补战略管理研究中有关“思维”与“身体”之间的断层，人们开始对现实性战略（strategy-as-practice）产生兴趣。这种方法的重点就是研究与组织战略有关的各种实际活动。实际上，战略就是从组织成员的日常活动中体现出来的。

将战略的过程和内容分开，就可以总结出战略管理的规律和特点，就像“战略管理研究的路线图”，如图 1-9 所示。现实性战略研究的观点特别强调过程的微观活动，其中一个密切的、重要的连接是 V_2，这种相关性意味着“过程中的活动，如日常行为，适合一种显著的战略变革方式”。

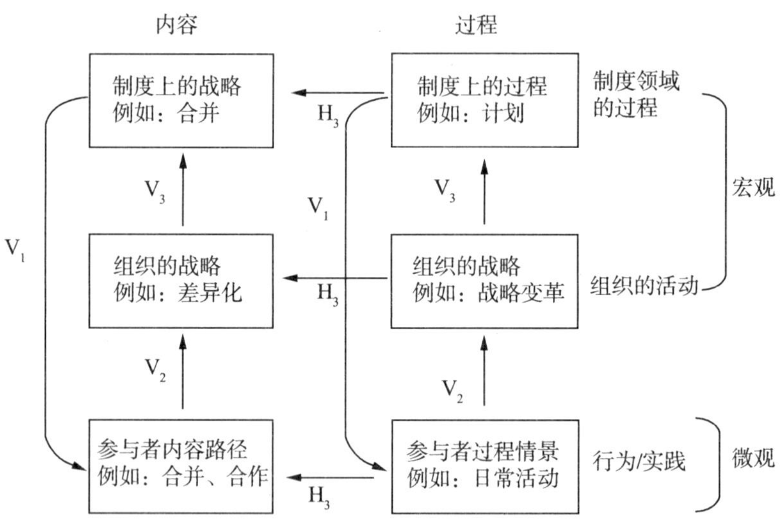

图 1-9　战略管理研究路线

在微观战略研究方法上，一个重要的研究热点是研究组织中或战略中的人。约翰逊等人认为，变化的资源市场和“过度竞争”使战略越来越依赖人为的

① Floyd S W & Lane P J. Strategizing Throughout the Organization: Managing Role Conflict in Strategic Renewal. *Academy of Management Review*. Vol. 25, 2000.

东西，也就是说越来越依赖于人的因素。[①] 为了提高这种方法的实用性，惠廷顿根据战略工作的传统方法了解战略参与者以及组织的员工到底做了哪些工作。他认为，从战略或战略化的微观层面上看，我们更应该探讨"战略工作和组织工作到底是如何发生的，在哪里发生的；谁做了战略或组织的正规化工作，如何做到的；战略和组织的产品是如何实现流通和消费的"。其研究的重点是战略过程中参与人的具体的行为。[②]

综上可知，对于中层管理者的研究成果多是以研究方法为基础的，所以具有以下特点：

第一，对中层管理者的研究方法是以弗洛伊德等人倡导的实践性研究的方法，即以记录和总结中层管理者的活动为基础，对活动的目的和效果进行分析，主要研究战略实施的动力和影响力；而对于中层管理者的动机、方式、特质等因素对活动的影响则研究不多。

第二，目前对中层管理者的研究多集中于对活动方式的简单统计，或运用相关性分析的方法，但大都是针对具体案例的研究，如新产品开发、产品营销策略实施等，其变量的选择变化较大，难以总结出一般性的规律。

四、中层管理者领导行为相关文献

欧美的管理学家大部分利用现实性战略的方式，研究管理者在战略实施过程中的活动方式和活动逻辑。这种研究方法是在大量访谈的基础上，利用现代计算机软件进行定性的统计分析，进而得出定性的结论。到目前为止，专家们得出的结论并不一致，有的甚至相互矛盾。在这里，我们用前人已经使用过的方法进行研究，一方面是因为领导行为这一领域已经有比较成熟的研究方法，并在一定条件下得出了一致的结论；另一方面，使用统计方法得出的结论容易为大众所接受，同时也能检验其可靠性。

本书选择领导行为理论作为"领导者—下属"层面的研究切入点，主要基于以下三个原因：

第一，领导行为对于推动企业战略实施进程具有较强的影响力和解释力。

第二，领导行为易于被发现、度量、解释、评估和学习，对于了解中层管理人员在企业战略过程中的作用具有较强的指导作用。

第三，领导行为研究理论积淀丰厚，基础扎实，有利于在此基础之上进行深

---

① Johnson G, Melin L, Whittington R. Micro Strategy and Strategizing: Towards an Activity-based View. *Journal of Management Studies*. Vol. 40, 2003.

② Whittington R. Putting Giddens into Action: Social Systems and Managerial Agency. *Journal of Management Studies*. Vol. 29, 1992.

入研究。

(一)领导行为的相关理论

领导行为是推动企业战略实施进程的领导模式的微观基础。本书致力于探讨领导行为和战略过程之间的关系,就必须明确领导行为的定义和分类。只有建立在领导行为科学分类的基础之上,才能深入探讨领导行为与战略执行和战略实施的关系。

表 1-3　　领导和领导行为的相关理论

	研究者和时间	研究内容
领导特质理论	Gibb(1947), Jenkins(1947), Stogdill(1948)	领导特质是天生的
	Robbins(1997)	提出领导者的六项特质:进取心、领导愿望、诚实和正直、自信、指挥、与工作相关的知识储备
	Digman	五大品质:应变、尽责、愉悦、调整心态和智慧
	Stogdill & Coons (1957)	将领导行为分为两大类:以任务为中心,以人为中心
领导行为理论	Kahn & Katz (1953), Likert (1961), Mann (1965)	领导行为分为任务导向型和员工导向型两类;员工导向型领导行为比较理想
	Blake & Mouton (1964)	从关心人到关心生产两个维度把领导方式分为 81 种,其中 5 种最具代表性:贫乏型、任务型、乡村俱乐部型、中庸之道型、团队型
	Bales(1954)	提出了第三个维度:个人显著性(individual prominence)。由于社会不赞成追求个人显著的行为,因而这个维度多被忽略
	Tannenbaum & Schmidt (1959)	领导行为的连续统一体理论:领导风格=f(领导者,下属,环境),即领导风格是领导者、下属、环境的函数
	Lewin(1939)	采用观察法对领导的领导风格进行研究,把领导方式分为民主型、专制型和放任型

20 世纪 50 年代以来,对领导行为的研究成为管理学的热门课题。人们普遍认为,领导既是一种行为,又是一种影响力。林姆(Lim)等认为,领导是一个

成员对组织中的其他成员实施的对组织有益的行为；领导是一系列行为的组合，是组织（或者团队）中一个人对其他人实施的有效行为。[①] 斯多基尔(Stogdill)和孔斯(Coons)则认为，领导是一个过程，是活动的过程也是完成任务的过程。[②] 由此可见，领导行为是建立在一系列活动的基础上的。本书研究的领导行为，是以战略过程中的各项活动为基础，对团队中其他成员实施的有效性行为。

1. 二维度领导行为理论

在20世纪50年代，研究领导理论的主要方法是管理实验研究。其中俄亥俄州领导理论研究中心和密歇根大学的研究得到人们的普遍认可。

俄亥俄州领导研究中心的研究确立了领导行为模式的两个维度，一个是"角色建构"(initiating structure)，另一个是"关怀"(consideration)。研究方式有访谈、问卷调查以及走访等，共搜集到1000多个因素，通过统计分析归纳出这两个维度。角色建构的领导行为具体有以下活动：指导下属工作，建立一定的奖惩标准和评价体系，提供解决问题的方法，协调工作中的冲突，等等。这些活动的目的是管理者按照战略目标定义和建构自身角色和下属角色，这样有助于任务的完成。具有角色建构倾向的管理者倾向于向团队成员下达各种任务，要求团队成员有较高的绩效，要求任务的时间性。关怀维度更体现出管理者人文关怀的一面，具体活动有：帮助下属解决遇到的问题，支持下属的活动，在一些问题上咨询下属并采纳他们的建议，对待下属平等、公正，等等。

密歇根大学调查研究中心针对管理者的行为特点、对工作的满意程度和工作绩效之间的关系进行研究。他们也将领导行为划分为两个维度，分别是生产导向型和员工导向型。生产导向型与前面的角色构建类似，倾向于强调工作、任务、技术产品、质量等，强调绩效标准和生产进度。具有员工导向倾向的管理者比较重视人际关系，多考虑下属以及合作者的需要，解决冲突时主张求同存异，不讲"一刀切"。

目前，针对领导行为维度的划分问题，仍然没有取得一致的结论。人们在不同的研究环境和研究目的下得出不同分类，包括任务导向型(task-oriented)和关系导向型(relation-oriented)、生产中心型(production-centered)和员工中心型(employee-centered)、指导型领导(directive leadership)和参与型领导(participative leadership)、管理型行为(manage behavior)和领导型行为(lead behavior)。

---

① Lim B C, Ployhart R E. Transformational Leadership: Relations to the Five-factor Model and Team Performance in Typical and Maximum Contexts. *Journal of Applied Psychology*. Vol. 89, 2004.

② Stogdill R M and Coons. Leadership, Membership, and Organization. *Psychological Bulletin*. Vol. 47, 1950.

这些研究都试图建立一个通用的、包含更多行为方式的模型。但是，领导行为的二维度分类方式没有反映出对员工的主动性、创造力的激发和引导，也无法展示领导行为在企业创新、战略实施及修正过程中的作用。

领导行为的两维度区分法是在较稳定的环境中得出的，因此也主要应用于稳定环境中，难以应对现今以不确定性和变革为主要特征的环境。

2. 三维度领导行为理论

今天的企业面对的市场竞争非常激烈。部分专家认为，我们越来越需要重视那些能够促进变革和推动战略实施的领导行为，并且俄亥俄州领导理论研究中心的结论没有反映出与推动战略进程相关的领导行为。① 以瑞典企业调查数据为基础，埃克瓦尔(Ekvall)等通过统计分析整理出一个新的维度，即以变革为中心(change-centered)的领导行为。加上俄亥俄州领导理论研究中心提出的两个维度，他们提出了领导行为的三维度理论，并提出了领导行为的CPE模型(Change-Production-Employee Model)。

表1-4　　领导行为维度的相关研究

研究者及时间	研究内容
Bower(1970)	任务导向型管理模式能够控制团队的各项活动，有力地支持高管层的战略目标
Burgelman(1983)	任务导向型管理模式能够控制团队的各项活动，并将这些管理目标转化成团队(或部门)的行动计划
Dutton & Jackson (1987)	将战略目标转化成成员个人的活动目标；将高管层的意志推广到操作层，并制定各种规章制度，推动执行
Falbe & Yukl (1992)	在领导方面的影响力能够获得下属持续的承诺和更多的努力，能够获得战略和政策的成功执行，能够获得同事的支持与合作
Argote(1999)	关系的好坏、情感密切程度、是否存在信任关系，已被证明是影响知识转移的重要因素
Szulanski(1996)	将"良好的关系"定义为信息转移双方感情、关系的密切程度
Hansen(1999)	员工间的关系是影响知识转移的重要因素，关系好容易达成共识
Keller(1992)	适当授权会提高员工对上级命令主动理解的积极性，命令的执行程度明显增强

① Zaccaro S J, Rittman A L, Marks M A. Team Leadership. *The Leadership Quarterly*. Vol. 12, 2001.

续表

研究者及时间	研究内容
Burgelman(1994)	组织授权带来的不仅仅是组织结构的变化，对于员工心理的影响和员工关系的影响也是明显的
Jemison (1984)	确定中层管理者的三类跨界活动——信息的获得和控制、内部决定和交互作用、输入控制；变革导向型的行为模式会给组织带来更大的灵活性和适应性
Guth & MacMillan (1986)	中层管理者在自己的岗位上会试图要求更大的权限，会对市场问题、产品、工艺等更加感兴趣
Burgelman (1983a)	通过"执行"职能，将作用于不同方向的影响力集中到一致方向上，在组织所需要的创造性和组织效率之间达到适当的平衡
Ekvall & Arvonen (1991)	提出领导行为的 CPE 模型(Change-Production-Employee Model)，具体有三个维度：任务导向型、关系导向型、变革导向型
Yukl(2002)	研究了领导行为的三个维度与公司绩效和环境之间的关系

埃克瓦尔等提出了以变革为中心的领导行为理论(CCL，Change-Centerd Leadership)，并为三维度领导行为建立了较为完整的 CPE 模型。CPE 模型将领导行为解构为三个相对独立的维度，分别为任务导向、关系导向和变革导向。该理论认为，任何一个特定的领导行为都可以由这三个维度组合而成。越来越多的研究表明，领导行为的三维分类法更能反映出现代环境下领导行为所发挥的作用，也有普遍适应性，从而推动和发展了领导理论。这个方法是对早期有效领导行为理论研究中居于主导地位的双因素方法的扩展。该分类方法具体内容如下：

(1)任务导向型：包括有效使用和配置人力和资源，为完成任务进行有效的管理活动，包括计划、分解目标、绩效考核等等。

(2)关系导向型：包括关心、帮助下属，尊重团队成员，强化组织的团队意识和合作精神。

(3)变革导向型：包括灵活运用自己的资源，激发员工的主动性，加强信息搜集和分享，及时强化员工的创新意识。

尤克尔(Yukl)认为，领导行为的三个维度交织在一起发挥作用，所处的情境决定了各自的相对重要性。"在既定的情境中，有效的领导者决定什么样的任务导向、关系导向和变革导向的行为是合适的和相容的。"①例如，在大量生产

① Yukl G. *Leadership in Organizations*. New Jersey: Prentice Hall, 1998, pp. 351-376.

企业中，环境比较稳定，领导行为中的任务导向维度占较大比重；而在IT这种要求快速创新的行业中，变革导向维度在领导行为中占较大比重。总之，管理者必须审时度势，根据所处的环境调整自己的领导行为，以适应变化的环境，适应创新的要求，推动战略实施过程的顺利进行。

推动组织战略实施进程的领导行为的分类方法有两种：一种是巴斯(Bass)在变革型领导模式理论基础之上建立的全领导模型(Full Range Model of Leadership)；另一种是埃克瓦尔等人提出的CPE模型。表1-5为巴斯的全领导模型。

表1-5　全领导模型(Full Range Model of Leadership)

变革型领导	交易型领导	放任型领导
● 智力激发 ● 理想化影响 ● 个性关怀	● 权变奖励 ● 例外管理 积极型例外管理 消极型例外管理	

(二)领导行为理论选择

1. 从层级分析来看

在前面的理论构思中，本书一再强调层级分析。在选择采用何种领导行为分类方法时，层级分析也是重要的评价标准。层级理论(Level Theory)指出，在理论构思、数据收集和数据分析的过程中，必须确保层级分析(level of analysis)贯彻始终。正如有关专家所指出的那样，领导理论中一个很大的局限性就是缺乏精确的层级分析，不论是在概念化研究(提出假设)还是在实证研究(验证假设)中均如此。① 因而，近年来领导理论研究也开始强调理论研究的层级分析。

在对全领导理论进行层级分析时发现，一些变量恰好处于“领导者—下属”层面，符合本研究的要求，如个性化关怀和智力激发等，而另外一些则很难寻找到合适的层级，往往跨越多个层级，例如魅力行为等；而且，绝大多数研究都没有进行层级分析。换言之，全领导模型的领导行为不是严格处于“领导者—下属”层面，而是处于一种多层级复合状态，因而不符合本书的研究要求。相反，CPE模型则严格处于“领导者—下属”层面，同时也具备较为成熟的量表，因而

① Chung D, Steenburgh T, Sudhir K. Do Bonuses Enhance Sales Productivity? A Dynamic Structural Analysis of Bonus-based Compensation Plans. A paper presented at the UTD-FORMS conference, Boston, 2013.

本书选择 CPE 模型作为研究领导行为的分类标准和度量标准。

2. 从内容来看

领导行为研究能够指出不同行为的作用，为领导者提供相关指导。但是没有一种分类法对于所有研究目的而言都是理想的，因而需要从分类方式出发，对这两个模型所涵盖的内容进行比较，从而选择更为适合的分类方式。

许多学者认为，全领导模型构建的更像是一种“模式”(style)，而不是一种“行为”(behavior)，更类似于变革型领导模式的集合，而不是对领导行为的完整划分，因而采用这种方式进行研究可能会带来区分度较差、数据之间相关性强、模型拟合指数低的结果。

CPE 模型则是一个三维度的划分方式，这三个维度分别体现了对任务效率、人际关系和适应性变革的考虑。它们不是三个相互包容的特殊行为类别。有效的领导者行为实际上是任务、关系和变革导向行为的一个组合。三个类型的行为交织在一起，推动组织层面的领导模式的实现，最终影响组织绩效。具体如表 1-6 所示。

表 1-6　全领导模型与 CPE 模型对比

	全领导模型	CPE 模型
提出者	Bass & Avolio，1994	Ekvall & Arvonen，1991；Ekvall & Arvonen，1994
理论基础	变革型和交易型领导行为	变革、人物、关系三维度领导行为
量表	MLQ 量表	CPE 量表 MPS(Managerial Practices Survey)量表
层级分析	多层级复合	处于“领导者—下属”层面
内容分析	各要素之间具有高度相关性，更类似于模式而非行为	由三个独立的行为维度构成

五、组织内部政策对中层管理者的影响

(一)理论解释

席酉民的和谐理论认为，组织是围绕着和谐主题进行演化。若与战略相联系，和谐主题实际上就是企业战略总目标或者战略要解决的核心问题，这个过程“主要受环境(Environment)、组织(Organization)和领导(Leadership)因素的影响”。战略目标即和谐主题确定后，就要围绕着目标的实现确立各种策略、规

则、计划等,这就是“谐则”(Xie Principles,XP),也就是预先进行时间和路径的安排;“和则”(He Principles,HP)主要着眼于对不确定性的消减和利用,激发组织成员的积极性、主动性和创造性,以形成能动的演化机制;“和谐耦合”(He Xie Coupling,HC)则体现了“和则”与“谐则”围绕主题在不同条件下、不同层次间的相互作用、相互转化,体现了目的导向下的适应性演化过程。

对组织主体(agents)活动的理解和研究,主要集中于对其管理工作和行为的研究,如管理者到底是做哪些工作,他们的角色是什么,影响因素是什么,等等。大多数对管理行为的研究都是从制度和程序层面抽象出个体管理者的行为,而且将个人行为或团队行为中的制度因素(或环境因素)以及行为结果割裂开来。

很多组织行为研究主要集中在管理者的特质、技能、作用、角色、权力和影响等,目的是想了解管理者在工作中干什么,并对其活动进行分类。但是大量的研究文献只是研究他们行为的特征,而缺乏其内容。在角色研究中,研究人员虽涉及行为的前因后果,但是在应用角色概念研究管理者的行为时,应特别注意讨论管理者对其所扮演的角色的影响。

心理学认知理论中的意向图示和隐喻方法被大量应用到组织行为的研究中,是一种适合说明个人行为和思想的方法。心理学认为,意向图示是个体在沟通方法或促进理解时所采用的一般认知方式。在研究这些行为时,也是采用这种方法。达顿(Dutton)等人通过研究组织的或管理的认知行为,从而研究组织活动,包括研究组织战略、组织变革、组织学习、组织的适应性以及企业的绩效。① 伊莎贝拉(Isabella)历经 5 年时间,搜集了 40 位管理者的情况说明。这些管理者来自 4 个不同的组织层次,每位管理者都被要求说明他们在管理中经历的关键事件,然后 Isabella 对这些事件进行归纳研究。研究结果显示,随着事件的进展,研究对象的变化可分为四个阶段:参与阶段、证明阶段、高峰和后续阶段、转化阶段。②

在概念体系中,管理者的任务是将事件概念化,将解决问题的线索转化为方法,并提供给组织成员。管理者可以通过不同的意向图示得到不同的方法体系,但是无论是战略还是信息处理结构,都与说明体系有关。托马斯(Thomas)和麦克丹尼尔(McDaniel)调查了 151 位不同医院的 CEO,研究他们如何描述相同的管理情况。结果显示,关系的重要性(问题的强度)影响处理方式。托马斯等认为,若不处于具体的战略或问题的环境下,任何解释、预测或控制都是不完

---

① Dutton J E, Ashford S J & O'Neill R M. Reading the Wind: How Middle Managers Assess the Context for Selling Issues to Top Managers. *Strategic Management Journal*. Vol. 18, 1997.

② Isabella L A. Evolving Interpretations as a Change Unfolds: How Managers Construe Key Organizational Events. *Academy of Management Journal*. Vol. 33, 1990.

备的。[①] 普尔等人对银行的高层管理者影响组织变革的方式进行研究，将其行为分为两个维度：命令和讨论会，进而将他们的影响模式划分为强制模式(enforcement mode)、指导模式(instruction mode)、操作模式(manipulation mode)和公告模式(proclamation mode)。出乎意料的是，强制模式和操作模式"被证明是最成功的组织变革模式"[②]。

(二)行动逻辑与组织实践

为了弄清楚中层管理者的活动意义，巴哈拉(Bacharach)等人引入了一个概念"行动逻辑"(logic of action)来描述组织主体的行为是有目的的。行动逻辑是一种社会交换关系的认知框架，是将行动结果与特定方法结合起来的关系。行动逻辑与意向图示相似，都是由抽象化和一般化形成认知模式，但两者又有不同的地方。前者主要集中在方法—结果的关系上，注重个体的特殊行动。我们可以把它看成是组织不同层面的行动逻辑的组合。

行动逻辑概念只抓住了个体的目标导向行为，但是没有考虑其个性、职业或价值观等方面，这在研究团体或组织层面共同的概念时是可以的。

组织实践的方式方法可以看作组织主体所处的背景，但从结构理论看，组织实践是组织制度结构的显示；从日常情况看，组织主体也在创建结构，以授权或禁止管理者的活动。

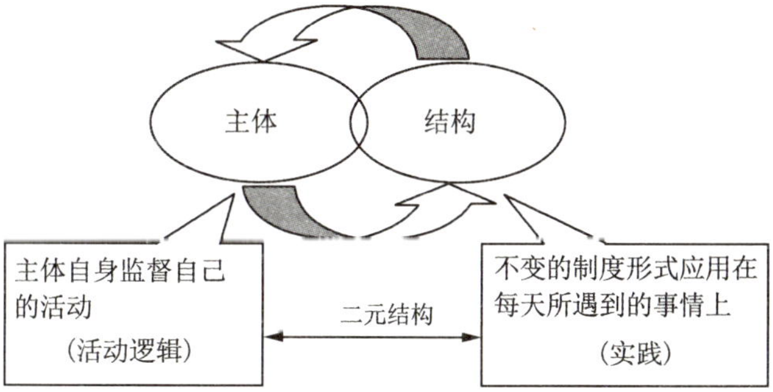

图 1-10 结构化理论在企业组织中的应用

组织管理过程具有结构特性。结构理论从支配和权力两个维度说明其特性，这两个特征包括制度和资源两个方面。制度的基础是标准化的要素和有意

---

① Thomas J B & McDaniel R R. Interpreting Strategic Issues: Effects of Strategy and the Information-processing Structure of Top Management Teams. *Academy of Management Journal*. Vol. 33, 1990.

② Poole P P, Gioia D A & Gray B. Influence Modes, Schema Change, and Organizational Transformation. *Journal of Applied Behavioral Science*. Vol. 25, 1989.

义的编码，“制度一方面与方式的结构有关，另一方面与社会行为方式的罚则有关”。但是，“制度不能离开资源而抽象化，因此它是统一于社会生产和再生产中的变化的关系方式；资源则是通过它的重要性和合法性而被重视”。在这个意义上，资源具有权威性（来自于人的相互合作的活动）和分配性（来自于对物质生产的控制或对物质世界的控制）。

吉登斯（Giddens）将规则的主要特性归纳为：深刻的（intensive）和浅显的（shallow）、默契的（tacit）和散乱的（discursive）、非正式的（informal）和正规化的（formalized）、弱罚则（weakly sanction）和强罚则（strongly sanction）。“深刻的”规则之所以在日常活动中持续发挥作用，是因为它们深深地渗透到日常生活的结构中。它们在日常琐碎的活动中可能要比一些抽象的规则有更深刻的影响力。默契的规则则是指规则之间具有不明确的联系。如果规则是散乱的、非正规化的，它们必须要有明确的说明。①

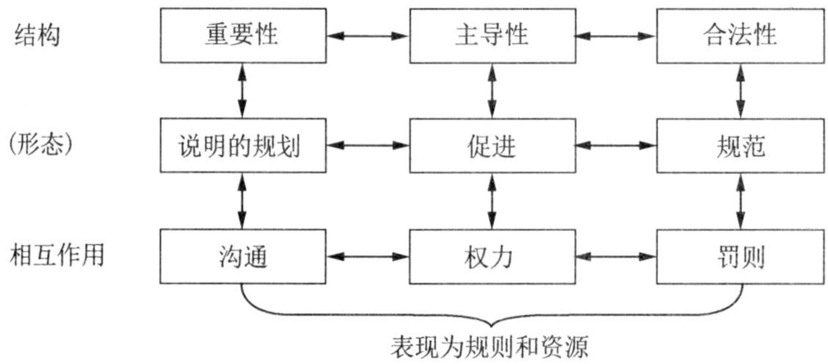

图 1-11　结构理论的基本框架

像社会活动一样，在组织实践过程中，组织主体也受到规则的影响甚至支配。所以，分析组织实践过程也就是主体相互作用的过程，必须通过分析这些规则的特点而得到。根据这些规则的特点，我们可以将其归结为清晰的（explicit）规则和模糊的（implicit）规则。清晰的规则是指那些散乱的、正式化的、浅显的和强罚则的规则。相应的活动须遵循一定的程序；若这些活动没有按既定的规则付诸实施，相关人员将会受到惩罚。模糊的规则是组织中的人在相互协作中形成的，是隐含在组织中的。这些规则典型地表现为一种默契，就像非正式讨论那样相互作用的特征。这种实践过程也是弱罚责的，就像人际关系网络不是在罚责中产生，而是靠个体在实践活动中作用的结果。

规则的另一个特点就是强调上下关联性，或者“时间—空间”问题，简称“时

① Giddens A. *The Constitution of Society*. Berkeley: California University Press, 1984, pp. 281-320.

空问题”。吉登斯非常强调时空问题，认为它是“社会理论的心脏”。在社会科学中进行行为的实证研究时，时空问题具有特别重要的意义。

时空问题具有系统性的特性，与组织的其他系统和过程紧密相连。这是一种惯例化的组织活动。例如，报告活动与组织的奖励活动相联系，同时又反过来与组织的绩效有关。报告活动本身被结构理论赋予了自己的特征，叫作“信息或知识的储备”，能够在社会系统中产生动力。

时空维度上松散的组织活动具有时间短的特点，并且与组织的其他系统没有紧密的联系。虽然这些活动的开始和结束是可以看得见的，但是相互间不那么紧密，这些活动一般是用来处理比较分散的问题，而且在一段时间内处理完成即可。

综合上述两个方面的特性，我们可以从两个方面分析组织环境：制度(rules)和时空(time and space)。这两个维度的变化，将空间划分为四个区域：制度化和松散的活动、个人化和随机的活动、个人化和系统的活动、规定的和重复的活动。分析框架如图 1-12 所示。

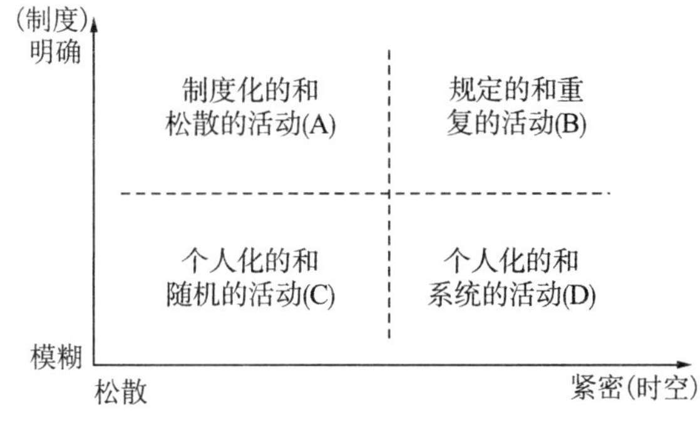

图 1-12　中层管理者组织活动分析框架

在左上角的区域中，组织的实践活动具有明确的制度和资源，我们认为其具有制度化的特征，但是在时间和空间维度上则是松散地结合的。松散地结合是指系统表现出较低的统一偏好、较弱的因果关系。在这种情况下，要素相互影响是“突然的(而不是连续的)、偶然的(而不是持续的)、可忽略的(而不是意义重大的)、间接的(而不是直接的)、后来的(而不是立即的)”。这种活动具有自己的特性，并相互独立；但是通过偶然性的接触，它们会间接地影响到组织过程中的其他因子。在右上角区域，人在进行组织活动时有自己的位置，而且其本质是周而复始的活动。

左下角区域中的组织活动，是个人的和随机的。从组织管理的角度看，它们的制度是不明确的，而且罚责很弱，其活动更多地受角色支配，而不是受计划或系统的支配。在右下角区域中，组织活动是个人化的和系统的；与前面区域中活动的短时及松散的特性相比，这些活动在时间和空间上更加紧凑。之所以称它们是“个人的”，是因为它们具有非正式和弱罚责的特性。

六、本章小结

传统的战略过程管理研究，往往注重高层管理者的行为方式，对中层管理者的研究主要是控制方面以及控制工具（平衡记分卡、绩效评价体系等）方面。正如前面所说，公司高层管理者在战略形成过程中起着决定性的作用；当战略计划进入实施阶段后，高层管理者就无能为力了。中层管理者在战略实施过程中，一方面执行既定的战略计划，另一方面会审时度势地对战略计划进行修正，前提是获得高层的支持。从战略的实际进程来看，战略形成及修正是由公司全体员工共同参与的一系列事件组成的。这些事件贯穿于经营活动中，也是经营活动的组成部分。因此，我们选择与具体的经营活动密切相关的中层管理人员为研究对象，以其与下属、制度、外界条件、业绩等的关系为变量进行研究。

第二章　中层管理者的行为模式对战略实施过程的影响研究

本章研究的是在战略实施过程中，战略计划与中层管理人员的相互作用关系。中层管理人员的行为既受组织各种制度的约束，也受个人动机的影响。制定战略以后，管理者将通过各种活动保证其实施。企业组织将中层管理人员的一些活动统一到战略目标上来，这些活动就是战略活动；同时，中层管理人员在开展战略活动时，对战略计划、具体活动的开展，环境的变化进行反思，并据此修正战略过程。因此，实现的战略多与计划战略有差异。本书以行动逻辑为切入点，对中层管理人员的组织行为进行归类，以此研究“计划战略——行为——实现战略”的相互关系。

一、中层管理者在战略实施过程中的作用

（一）中层管理者在战略实施过程中的行为

1. 中层管理者的战略活动

汤普森（Thompson）将组织问题划分为三个层次，分别是技术上的、管理上的和制度上的。[①] 一般情况下，中层管理的目的是负责和控制管理问题。从范围上来看，中层管理者是企业、客户和供应商之间的中介。从管理上来看，中层管理者指导着所有的技术性工作。在履行这些职责的时候，中层管理人员并不只是高层管理者的“传话筒”，他们对高管层的决策也会产生影响，也即作用是相互的，“控制不是单向的”。

---

① Thompson L. Renegotiation and Collusion in Organizations. *Economic Management Strategy*. Vol. 9, 2000.

中层管理者扮演着"合作"的角色，他们在制度层（战略）和技术层（操作层）之间起到中介、谈判、说明的作用。换句话说，中层管理者垂直连接着团队，就像李克特（Likert）所认为的，这些"连接器"从各个方向上连接着高层管理者和基层管理者的日常工作。这种中介角色能够在组织中有很大的影响力。具体来说，中层管理者对组织战略的影响方式有两种：向上的影响和向下的影响，如表 2-1 所示。

由表 2-1 可以看出，中层管理者"向上的影响"主要是向高层管理者说明出现的问题，同时提供自己的主张、看法，即所谓的"主动性"，这样有可能改变公司的战略轨迹。在"信息综合"这一角色里，中层管理者将模糊的、分散的数据综合起来，说明战略的优劣，这有可能改变其他管理人员对战略的认知，进而改变战略的议程。这样，中层管理者"向上的影响力"的结果是，战略展开或者呈现出来的与原来设想的不一样。

表 2-1 中层管理者的战略活动

影响方向	活动类型	活动内容
向上的影响	综合信息	收集新战略程序方面的信息 协调竞争者、供应商等的活动 评估外界环境的变化
	支持主动性	调整和定义新战略程序 评估新建议的优缺点 寻找新机会 向高层管理者提出新战略程序或方案
向下的影响	促进适应性	放松规章条例的约束，开始新的战略方案 争取战略程序的实验时间 为实验的战略方案分配和供给资源 鼓励非正式讨论和信息共享
	执行既定战略	控制各种活动，支持高层战略目标 将战略目标转换成行动计划 将战略目标转换成个人目标 将高层管理者的主动性推广到下层

在"向下的影响"中，中层管理人员变成了变革推动者，以培育"适应性"和执行既定战略。中层管理者的"促进"角色鼓励下属学习，提高成员的能力以应对战略变革。在"执行"角色上，中层管理者致力于采取一系列措施，保证组织活动与既定战略保持一致。在各种角色中，中层管理者能将自己独特的思想和变革导向型的行为渗透到战略制定和实施过程中，能够使组织和外界环境相

适应。

2. 组织适应性对中层管理者的影响

伯格曼的组织生态理论，为描述中层管理者与组织适应性的关系提供了理论基础。根据他的观点，战略修正产生于操作层的一系列"主动性"活动中，战略变化并不全是高层管理者精心决策的结果，而是在"适应性"中自然产生的，这种"适应性"取决于伯格曼所说的"内部的和外部的环境实质性的契合"。①

在内部环境选择上，战略变化是在操作层的各种各样的"主动性"中形成的。这种"主动性"是对外界环境的作用力作出反应，包括客户抱怨、新产品的要求等等。这些"主动性"是否被采纳和组织绩效是否得到提高，取决于它们是否与外界环境选择的价值观相一致。换句话说，外界环境选择是战略改变是否有经济价值的"最终裁决人"。

例如，成功地进行产品开发的"主动性"，取决于客户是否认为组织设计和制造的产品物有所值。开发过程中关键点上的价值(如设计的性价比)，必须符合外部市场所"感知"的价值。一般来讲，内部选择过程确定的价值要与外部细分市场所选择的价值相匹配，这才是适宜的战略行为的关键。

有关专家认为，通过组织目前所表现出来的各种原始能力来达到内部和外部各种力量的均衡是非常困难的。既定的战略目标和正规的战略程序对于提高组织行为的一致性和可靠性是十分重要的，但是也会在一定程度上产生所谓的"组织惰性"。组织惰性有各种表现形式，包括承诺一些特殊的标准和价值。这些价值是影响内部选择的重要因素。②

在自上而下的变革中，巴洛贡的渐进过程观点认为，中层管理者经常先认识到变化的重要性，然后才开始变革。中层管理者的作用就像缓冲器，对来自操作层的变革主动性和高管层的监督起缓冲作用，并为改革方案提供资源和保护。当时机成熟时，中层管理者就会将这些主动性反映给上层管理者，如果得到批准，这些建议就会成为新能力的"种子"。巴洛贡将他的理论应用到英特尔公司，诠释了其核心竞争力是如何形成的。③

通过前面的讨论我们可以总结出两个结论：第一，中层管理者要想对战略过程施加影响，内部环境和外部环境的契合是非常关键的前提；第二，对上下都能产生影响的中层管理者可以接触到外部环境的最直接的要求，因此他们能认

① Burgelman R A. A Model of the Interaction of Strategic Behavior, Corporate Context, and the Concept of Strategy. *Academy of Management Review*. Vol. 8, 1983.

② Chung D, Steenburgh T, Sudhir K. Do Bonuses Enhance Sales Productivity? A Dynamic Structural Analysis of Bonus-based Compensation Plans. A paper presented at the UTD-FORMS conference, Boston, 2013.

③ Balogun J. From Blaming the Middle to Harnessing its Potential: Creating Change Intermediaries. *British Journal of Management*. Vol. 14, 2003.

识到这种修正思想的潜在价值。

3.跨界活动(Boundary Spanning)对中层管理者的战略影响

作为权力结构化理论的一部分,跨界活动单元在外部环境不确定性和组织内部制度安排之间起到关键的中介作用。这个作用的产生取决于哪个是组织内部权力的源泉。

对个人层面的研究大都集中于跨界活动的个人特质、上级监督和“守门”行为上。塔什曼(Tushman)等人的研究表明,跨界活动的个人对行政管理和技术决策上的影响,在任务的较高层面上和环境不确定的情况下比较大。[①] 在组织层面上,皮尔斯(Pearce)的研究认为,跨界活动对下层战略的影响比较大。值得注意的是,该理论描述了三种类型的跨界活动,分别是:信息的获得和控制,内部决定和交互作用,物质输入控制。[②]

4.向上的影响与组织绩效

古兹等认为,为了取得有益的效果,“向上的影响力”必须与内外部环境相契合,这说明我们不能期望所有“向上的影响力”与较高的公司绩效之间存在简单的关系。[③] 实际上,企业中层管理者试图发挥的“向上影响力”,大部分都被严格地限制于功能权限之内。

在“支持”和“综合”角色中,中层管理者掌握着客户的独特信息,了解操作层的能力和高管层的意图。在战略上,“向上影响力”需要对整个公司业务有一个全局性的思考,而不仅是对个别单位或个别职能的思考。由于知识的战略相关性是随着时间变化的,同时知识的分布是不均匀的,所以中层管理者的向上影响力并不是在任何时候都具有同样的强度,或者说并不是所有的中层管理者在同一时点上的影响力都是相同的。

更具体地说,如果认为中层管理者的“向上影响力”可能是针对高管层的个人活动,通过了解它们是如何在组织的框架中发生的,就可以更好地理解其与组织绩效的关系。赫特(Hutt)等人的网络分析显示了组织中一场自发的市场营销活动是如何发生的。开始的时候,这种新战略的想法是销售人员在与关键客户的相互交流中产生的。然后,销售人员将这种想法汇报给中层的营销经理,营销经理随即与操作层和全公司的中层人员进行了一系列的交流。这些交流活动的关键是,中层营销经理为这个“主动性”提供了“连接”功能,使它能够

---

① Tushman C, Romayer A D. Organizational Strategy, Structure and Process. *Academy of Management Review*. Vol. 3, 1978.

② Pearce C L, Sims H P. Vertical versus Shared Leadership as Predictors of the Effectiveness of Change Management Teams: An Examination of Aversive, Directive, Transactional, Transformational, and Empowering Leader Behaviors. *Group Dynamics: Theory, Research, and Practice*. Vol. 6, 2002.

③ Guth D & McMillan I C. Strategy Implementation versus Middle Management Self-interest. *Strategic Management Journal*. Vol. 7, 1986.

向上到达高管层，向下到达操作层，并能够跨越组织的各个部门，将组织和外界环境也联系起来。除此之外，这些交流活动还使各项组织活动实现了协调一致，推动了这种“主动性”向前发展。虽然有很多管理人员和其他人员参与了这个过程，但最终会有一位管理者作为支持者，将这种创新的“主动性”呈送到高管层。①

这个例子说明了一个新的“主动性”怎样参与组织“网络”的构建过程，这是一系列想法在人群中被创立、采纳并实施的中心，使这些人有充分的决心将这个想法变成现实。

自发的战略“主动性”从组织内部环境和外部环境的关键联系中产生。在这个过程中，那些最贴近这个关键联系的中层管理者，以非正式领导的姿态出现。组织的一系列独特的竞争能力就是从这种关系网络中产生的，中层管理者正是处于这个关系网络的节点位置，使他们在整合和调整竞争力的过程中起着关键作用。但是，由于网络中心的不同，在一个组织中一些中层管理者施加的“向上影响力”要比其他人多。

一般地说，在不同的时间段里管理者施加的“向上影响力”是不同的。处在特殊点上的中层管理者比其他人占据了更有利的位置。他们对战略问题理解得更深刻，更有利于发挥主动性，从而施加更多向上的影响。而在其他时间段，其他的管理者可能处于更中心的位置。正是中层管理者“向上影响力”的这种流变性，影响着组织适应性的培育。明茨伯格等人认为，若特定下属部门始终保持一定水平的“向上影响力”，经过较长时间后就会产生组织僵化和惰性。②

5. 向下的影响与组织绩效

与向上的影响相对比，中层管理者的“向下影响力”同样给组织带来较高的绩效。在“促进”角色中，管理者鼓励和支持“自发主动性”的产生，这增加了组织内部生态的多样性，提高了组织创建新战略和获得新的竞争力的能力。在“执行”角色中，中层管理者明确和推动了既定战略的实施。这些活动有助于集中组织的努力，推进战略的有效执行。伯格曼认为，虽然这些“向下影响力”作用于不同的方向，但当它们一致性地结合在一起，就能够在组织所需要的创造性和组织效率之间达到适当的平衡。最佳平衡是一种偶然现象，它会因公司的战略环境的不同而不同；但是不管是怎样的平衡，都需要公司安排的“一致性”。③

---

① Hutt A, Balachander S. The Making of a “Hot Product”: A Signaling Explanation of Marketer's Scarcity Strategy. *Management Science*. Vol. 51, 2005.

② Mintzberg H. *The Nature of Managerial Work*. New York: Harper & Row, 1973.

③ Burgelman R A. Strategy Making as a Social Learning Process: The Case of Internal Corporate Venturing. *Interfaces*. Vol. 18, 1988.

无论是自发的还是诱发的战略活动，都会跨越组织内部的界限，它的形成和实施依赖于一致性的各种功能的交互影响。例如，一种自发的“主动性”可能有一个特定的起始点，但是结果却需要一系列职能部门共同地探索和推进，需要整个公司持续地进行非正式的和灵活性的活动。在各职能交互促进的过程中，如果存在主动性不一致的情况，可能会削弱公司产生新战略的能力。

由此可知，组织的绩效显然与既定战略中中层管理者影响的一致性程度有关。在这个角色中，中层管理者将战略目标转化为短期的“行为操作状态”，需要保证操作层的横向一致性。没有一致性，各种元素的相互协调性就会被打破。因此，中层管理者的“向下影响力”的一致性程度影响着整个战略的实现过程。具体如图 2-1 所示。

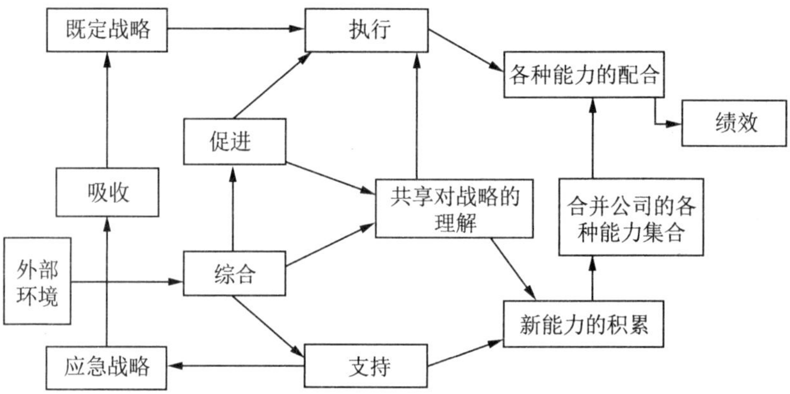

图 2-1　中层管理者的活动对绩效的影响

(二)中层管理者的领导行为

1.“领导—下属”关系的领导行为框架

领导理论发展之初，研究者是从团队管理者的领导行为入手的，描述的领导和被领导的关系也是二元的上下级关系，而这种二元的“领导—下属”关系的领导理论不能应用于研究高层次管理者的领导行为中。据此，在 20 世纪 80 年代末和 90 年代初，研究者针对高层管理者的行为特点进行了研究，得出了不同的领导行为类型，如家长式等，由此发展了领导理论，这些理论被称为“战略领导理论”。目前，在国内有关这些方面的研究已经成为主流的领导理论。

高层领导者和中层领导者具有不同的行为特征：

第一，两种类型的领导具有不同的领导主体。高层领导者是指规模较大的公司的 CEO、总裁等最高决策者，或者如董事会等管理团队决策层；中层领导者主要是以团队管理者为主，或者指企业基层部门的管理者；凡是有下属的人员都是领导者，包括工作团队主管或部门主管。中层管理者属于管理型领导的范畴。

第二，两种类型的领导者影响范围不同。中层领导者一般只管理较小的团队或部门，影响的范围较小；高层领导者是“整个组织”的领导，其行为的影响范围是整个组织，甚至包括利益相关者、消费者和供应商。中层领导者的行为影响的个体数量较少，主要是组织内部具有相关关系的上下级和同级人员等；高层领导者是处于权力链的顶端，其决策和行为在时间和空间上都有较大的影响范围。

第三，中层领导者和高层领导者具有不同的领导方式。前者的领导行为主要表现为上级与下级之间的关系行为，比如向下属提供指导、支持，综合各类信息；高层领导者侧重于对公司宏观层面的影响，其领导行为除了体现为一种关系行为外，还要负责确立组织的使命、发展目标等。

第四，中层领导者和高层领导者关注不同的事务。前者主要关注部门计划、产品质量、产量、成本、进度等具体问题，以及团队成员的绩效等；而后者则必须关注组织的发展，关注资源的整合以及环境政策的变化和社会责任等问题。

第五，领导效能不同。中层领导者的领导效能主要体现在生产效率、产品和服务的质量以及员工的满意度方面；高层领导者的领导效能主要体现在组织整体的绩效、公司股价、创新性、企业文化等方面。

具体可参见表 2-2。

表 2-2　　中层领导与高层领导之间的区别

内容	中层领导	高层领导
领导者主体	工作团队或部门主管	企业高层(总裁、CEO 等)
影响层级	组织中的团队或部门	整个组织系统
行为表现	关系行为	战略行为或象征性行为
关注范围	内部组织	组织内部与外部的适应性
效能体现	生产效率、质量、市场等	财务指标、创新、文化、股东利益等

当前企业的经营环境日趋开放，竞争也日益激烈，单一的“关系导向型”“任务导向型”或是“变革导向型”“交易导向型”都不足以描述充满冲突和悖论的组织情况。根据“必要复杂性法则”(The Law of Requisite Complexity)，只有复杂性才能应对复杂性。也就是说，一个系统必须拥有与其所处环境相当的复杂性，才能实现有效运作。但是事实上，过去看上去是对立的概念，在新的情境下却具有紧密的关系。战略领导者若能驾驭更多的领导角色，组织就越能实现有

效的运作。因此，领导理论的发展需要更具包容性的思考模式，将更多看似对立的概念同时纳入分析框架中。

2. 中层管理者个人绩效影响因素

韦克(Weick)认为，组织可以被看作一个"解释"的系统，或者是一种与复杂性相适应的系统，是由分散的层次组成的，成员们按照组织的期望进行各种活动；或者，组织被认为是一种社会系统，其中的个体之间存在着某种固定形式的反复发生的关系，他们的角色在组织的"网络"中被明确定义出来。[①] 还有专家认为，组织理念的产生是组织通过团体内部交流汇总各种经验、信息，进而升华为一种"知识"，它的适应性取决于知识被创造和传播的效率及速度。这些知识的重新组合促成了组织利用环境能力的增强。组织通过成员的参与而产生新理念，在一定程度上决定了组织的绩效。[②]

影响中层管理者个人绩效的因素可以分为个人的和组织的两类。

(1)个人因素

有些个人因素影响着中层管理者在工作中的管理绩效，比如人格特质、内控点、个人的主动性和毅力等。这些个性特征越契合组织的需要，越容易提高管理者的认知能力，提高他们的沟通技巧，使他们对组织工作有更深入的理解，帮助他们发挥自己的影响力。

(2)组织因素

各种组织因素，如组织战略、组织吸引力、沟通和信息处理体系、知识体系等，创造出一种有利于影响力发挥的环境。它们使管理者的影响策略具有了内容和意义。这种影响策略正是中层管理者活动的一部分。

3. 中层管理者的活动体现领导行为

弗洛伊德等将中层管理者的活动归纳为四种：综合、促进、支持和执行。这些活动的成功会有效地发挥和利用组织的能力，从而获得更高的组织绩效。

在"综合"活动中，中层管理者容易创造出新的战略方式，这些信息的分享能够促进新知识的集成，进而奠定认知基础。在"促进"活动中，中层管理者培育和发展了"试验程序"和组织元素，增加了组织的灵活性。在"支持"活动中，他们为公司提供了更多选择的"可能性"，使公司具备了新的能力，或者将现有能力应用到其他不同的地方。在"执行"过程中，他们将组织活动与战略意图结合起来。在这些活动中，组织鼓励中层管理者发挥个体能力，也就是参与能力和影响力，而这些能力的发挥又受到组织因素的制约。

斯多基尔(Stogdill)等人认为，从本质上讲，领导是一个过程，是由一系列

---

① Weick K E. *Sense-making in Organizations*. New York: Sage Publications, 1995, pp. 135-146.

② Snow C, Hambrick D. Measuring Organizational Strategies: Some Theoretical and Methodological Problems. *Academy of Management Review*. Vol. 5, 1980.

完成工作的行为和活动组成的过程；而领导是“组织中的一名成员对另一名成员或者团队中的其他成员的有效行为”。[①] 不管从哪个角度来讲，管理者的领导行为都是从一系列的活动中抽象出来并指导下属行动的行为模式。它既与管理者个人因素有关，又与组织因素有关。因此，中层管理者的领导行为和其角色活动是分析其活动有效性的两种视角。

任务导向型行为主要涉及对团队人员的调配和资源的配置，使任务顺利完成。从内容上看，任务导向型的领导模式只涉及中层管理者由上而下的影响活动，即执行既定战略和促进“适应性”。既定战略的执行活动首先就是构建一种持续性的工作，将战略目标程序化，这项活动一般由和战略计划有关的各种文件表现出来；然后是将战略目标情景化，使组织成员知道自己每天应该干什么，并支持上级的工作，这是任务导向型行为的基础活动——明确任务。在执行既定战略的活动中还有一项重要的活动就是资源配置，它的实施程序对中层管理者有正面的影响。在促进“适应性”活动中，任务导向型管理模式体现在人力资源的安排和目标的分解上；它用战略计划的目标取代组织成员的个人目标。

关系导向型行为的主要内容包括尊重下属、帮助下属，提高下属对组织的认同感和强化团队合作意识。它既涉及中层管理者自上而下的影响，也涉及其自下而上的影响。在既定战略的执行活动中，关系导向型行为体现在相互尊重上，高层管理者尊重中层管理者和他的团队的能力，而中层管理者则尊重高层管理者的战略工作。

变革导向型行为涉及适应环境变化而进行的创新，以及对变革的支持，主要是中层管理者自下而上的影响活动，包括综合信息活动和支持变革的主动性活动。在战略实施过程中，自下而上影响力的发挥需要对战略相关信息进行深度综合，这对中层管理者提出了更高的要求。

本书之所以利用中层管理者的领导行为模式研究他们在战略实施过程中的作用，是因为领导行为具有较好的结构性，并且有成熟的量表测量工具。领导行为模式虽产生于对高层管理者的研究，但是从领导行为的各种定义来看，并没有说明只有高层管理者才具有领导行为。随着研究的深入，中层管理者的作用已经逐步凸显出来。

（三）战略执行者与战略过程的相互作用

在微观战略研究方法上，一个重要的研究热点是研究组织中或战略中的人。约翰逊等人认为，变化的资源市场和“过度竞争”使战略越来越依赖人为的

---

① Stogdill R M. Leadership, Membership, and Organization. *Psychological Bulletin*. Vol. 47, 1950.

东西,也就是说越来越依赖于人的因素。① 为了了解管理人员到底做了哪些工作,研究者一般是参考管理人员管理工作的经历,从中归纳出管理人员的行为特征。

战略变革一般分为人的变革和物的变革两大类型。人的变革包括人员的变革和组织结构的变革,人员的变革就是指技能和行为方面的改变;物的变革包括技术和产品的变革。在技术和产品的变革方面,新发明和新技术的应用迫使员工改变过去的行为习惯,学习新的技能技术,完成对新技术的应用或者新产品的生产过程。在这个过程中,战略计划起到重要作用。但是,战略计划的目标并不一定完全实现,因为在战略实施过程中会受到各种因素的影响:计划是如何设计的?各种措施是如何确定和执行的?如何考核以及奖惩?这关系到战略计划执行的效果,甚至影响到组织的其他工作。

惠廷顿认为,中层管理人员这个群体是战略实践的重要力量,影响着战略的效果和使用的工具。因此在微观方法中,有两个问题非常重要:实践者和实践(the practitioners and the practices),这两个概念在我们的研究中具有重要的意义。

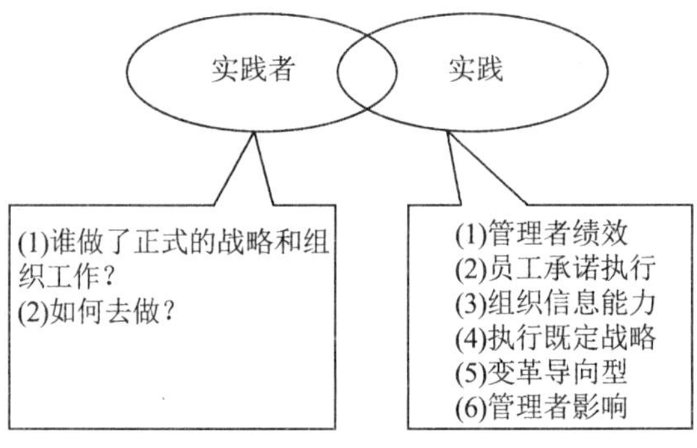

图 2-2 现实性战略研究中的两个重要概念

从现实性上看,实践就是实际的战略和组织工作,它是由各种活动组成的。现实性的方法认为,实践就是一系列人的活动。惠廷顿认为,实践活动可能是遵循已有的方法和方式,比如成熟的组织设计图或 SWOT 分析法,也可能包含组织文化和组织体系中的正统惯例和规则。② 根据这个观点,我们可以将实践定义为惯例、工具和工作方式。相应地,我们可以将战略实践定义为使战略得

① Johnson G, Melin L, Whittington R. Micro Strategy and Strategizing: Towards an Activity-based View. *Journal of Management Studies*. Vol. 40, 2003.

② Whittington R. Putting Giddens into Action: Social Systems and Managerial Agency. *Journal of Management Studies*. Vol. 29, 1992.

以形成和实施的惯例、工具和工作方式。

二、模型与假设的提出

（一）中层管理者领导行为与战略修正关系

1. 领导行为特征及其影响

权力、影响和政治行为在组织中是时常遇到的。传统上，影响力与层级授权和官僚体制联系在一起。权力是指正式职位的法定权威。权威和影响力是指在特定状态下改变他人活动的一般能力。

领导行为导向的影响策略是一种影响人的机制。它可以分为“软策略”和“硬策略”两种方式；“软策略”是指不使用正式权力，而“硬策略”是指使用正式权力，具有强制性。软策略包括迎合、磋商、鼓舞、人格魅力和说服等，硬策略包括施加压力、诉诸法律、强制等。

组织中的各种活动表现出个体能力相互作用的结果，这些活动与组织的期望一致。模型描述如图 2-3 所示。

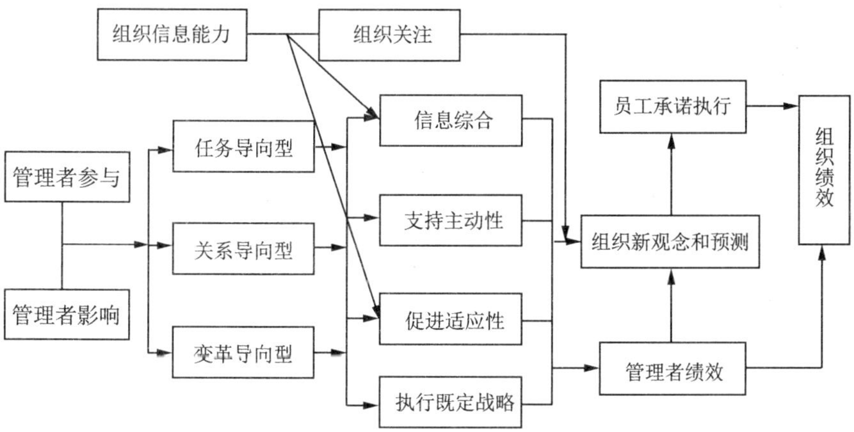

图 2-3　中层管理者的行为对战略过程的影响

2. 任务导向型行为与战略修正过程的关系

中层管理者通过自己的参与能力和影响能力引导着战略的实施，采取影响策略和执行策略完成信息综合、支持主动性、鼓励执行和执行既定策略等各种战略活动。领导行为的各个维度在其中发挥着不同的作用。任务导向型这个维度的行为是以完成任务为主要目标。沃斯（Voss）认为：“理论研究者和战略管理实践者常常会忽视战略执行问题，而这个问题通常又是战略实施过程中最为严重的困难。”①

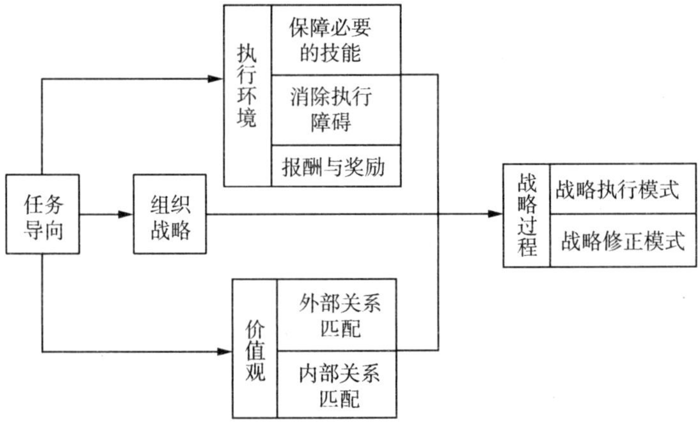

图 2-4 任务导向型行为模式与战略实施过程的关系

中层管理者的任务导向型的领导行为增强了他们在组织内部的权力，从而支持了跨界活动，也就是增强了其获得和控制信息、实施内部决策和物质输入等方面的能力；同时，中层管理者鼓励和支持自发的“主动性”的产生，提高了组织创建新战略和获得新的竞争力的能力，推动了新的战略的实施。

通过以上的分析，我们提出假设：

假设 Ha_1：在战略实施过程中，中层管理人员的任务导向型领导行为会促进战略计划的战略修正。

3. 关系导向型行为与战略修正过程的关系

关系导向型行为的内容是支持团队成员的探索活动，帮助成员增强对组织的认同感和强化团队合作意识。在战略实施过程中，中层管理者成为关键群体，负责设计和规划执行的步骤和措施。关系导向型的管理行为更能增强中层管理者的影响力，促成战略和政策的成功执行。在这个过程中，使用软策略及其组合比使用硬策略会更有效。

关系导向型行为模式在跨界活动中增强了组织内部部门之间的联系，使知识交流和信息交换渠道更加顺畅，使更多的中层管理者了解自己部门或者其他部门产生的主动性的理念。在信息交流过程中，呈报的方案也更加科学，更加有说服力，更能够获得其他中层管理者的支持。

据此提出下列假设：

假设 Ha_2：在战略实施过程中，中层管理人员的关系导向型领导行为会促

① Voss A, Lorimer S E. Sales Force Effectiveness: A Framework for Researchers and Practitioners. *Personal Selling Sales Management*. Vol. 28, 2008.

进战略计划的战略修正。

4.变革导向型行为与战略修正过程的关系

在变革的指导思想下，中层管理者在自己的岗位上会试图要求更大的权限，会对市场问题、产品、工艺等更加感兴趣。在综合信息的角色上，对上述的一系列问题进行深入探究，及时发现潜在的机会和危机，并对战略计划的适应性、外界环境的变化作出强烈的反应。

在变革思想的指导下，中层管理者会采取灵活的方式支持内部出现的自发的主动性，包括定义和调整新的战略程序、寻找新机会等。组织战略实施的终极目标是提高效率和效益、扩大市场占有率，或者进入新的经营领域等。在战略实施过程中，中层管理者和执行者始终坚持的是企业的宗旨和战略目标；同时，面对多变的外部环境和各种各样的阻力，中层管理者还要及时作出调整，提高组织和战略的适应性。

中层管理者的跨界活动更多的是增强向上的影响能力，变革导向型的行为方式在一定程度上增加了这类活动的强度。由个人特质、内部环境决定的变革式行为导向，在行政管理部门和技术部门可以发挥更大的影响。在任务的较高层面上，中层管理者能够把握目标、程序等一系列过程的宗旨；在环境不确定的情况下，更能够获得和综合各方面的信息，对环境变化把握得更准确，并将创造性、前瞻性的主动性理念筛选出来，呈送到高管层。

中层管理者的变革导向型行为对组织向下的影响力，主要表现在对规章制度的创新性理解和执行方面，其次是鼓励非正式讨论和信息共享，以促进组织的适应性。这个过程是领导者——下属直接的相互作用；同时，横向的沟通方式需要按照一定的规则建立起来。

由此提出假设：

假设 IIa_3：在战略实施过程中，中层管理人员的变革导向型领导行为会促进战略计划的战略修正。

（二）激励和控制对战略实施过程的影响

在战略实施过程中，管理人员的一切行为都是围绕战略目标来贯彻落实的，战略管理的各个过程也因此变得有意义。卡普兰（Kaplan）和诺顿（Norton）的“平衡计分卡”，是从财务、客户、内部过程、学习和成长四个角度对企业战略实施及绩效进行全面度量。但是这些过程侧重于考察公司整体的战略效果，并没有打开微观层面的“黑箱”。皮尔斯等认为，战略实施共有三个阶段：细化、调整与控制。他们在研究管理控制与战略实施中，认为战略执行是通过一个过程间接地表现出来，并分别从执行战略的管理人员、参与程度、任务明确程度和设定目标四个方面进行了描述。在研究创新前沿与管理者行为问题时，将明确任务和战略目标两个方面作为描述战略执行情况的变量。①

皮尔森(Pearson)在分析战略实施过程的影响因素时,将其分为两大类:战略激励、战略控制②,这种分类也适应于本问题的解决过程,因为:

1. 皮尔森在分析战略过程时就是从管理人员的战略行为出发的。

2. 皮尔森在研究战略管理过程时,强调了战略修正过程,阐述了战略修正过程的特征和作用,与本书的研究思路相同。

相关研究如表 2-3 所示。

表 2-3 激励和控制与战略实施过程的关系研究

作者及年份	自变量	因变量	研究结果
Pearce & Robinson(1999)	细化、调整、控制	战略实施过程	战略控制能够使战略计划顺利执行
Poskela & Martinsuo (2009)	任务明确、目标设定、人员素质、参与程度	战略修正过程	目标设定和任务明确与战略修正负相关
McGrath(1996)	任务明确、目标设定、人员素质、参与程度	资源选择方式	任务和目标影响资源的分配
Smith & Reinertsen (1998)	任务明确、市场变化、沟通、任务挑战性	资源分配、战略修正	市场的变化与战略修正正相关;任务挑战性和沟通与资源分配正相关
Bonner(2002)	市场机会、部门之间沟通、计划参与程度、经营目标	战略修正、资源分配方式	市场机会、部门之间的沟通与战略修正正相关;计划参与程度、部门之间的沟通与资源分配正相关
Cooper(1998)	市场人员参与、部门之间沟通、计划参与程度、任务挑战性	战略修正、工作满意度	市场人员参与、部门之间沟通与战略修正显著正相关;部门之间沟通、计划参与程度、任务挑战性与工作满意度正相关

① Pearce C L, Sims H P. Vertical versus Shared Leadership as Predictors of the Effectiveness of Change Management Teams: An Examination of Aversive, Directive, Transactional, Transformational, and Empowering Leader Behaviors. *Group Dynamics: Theory, Research, and Practice*. Vol. 6, 2002.

② Pearson M. The Influence of a Structurationist View on Strategic Management Research. *Journal of Management Studies*. Vol. 41, 2004.

续表

作者及年份	自变量	因变量	研究结果
Davila(2000)	任务完整性、部门之间沟通、工作时间的控制、人员构成	战略修正、工作自主性、合作性	任务完整性、部门之间沟通、人员构成与战略修正正相关；部门之间沟通、工作时间的控制、人员构成与合作性正相关；任务完整性、部门之间沟通、人员构成与工作主动性正相关

因此，我们将影响中层管理人员行为的战略管理过程划分为两个类别：战略激励和战略控制。按照皮尔森的分类方法，我们将影响因素分为四大类：

1. 战略任务的明确性，包括目标设定、任务分配等。
2. 战略共识，包括人员素质、参与程度、部门之间的沟通、市场人员参与等。
3. 激励约束机制，包括任务挑战性、计划参与程度、工作自主性、合作性等。
4. 战略效果控制，包括资源分配方式、工作时间的控制等。

具体如表 2-4 所示。

表 2-4　　战略实施过程的影响因素

构思变量	测度变量	意　义
战略激励	明确战略任务	(1)明确区分战略任务与日常业务的程度 (2)保证日常压力不影响战略机制的有效性
	管理者共识	管理者对企业战略的认同程度
战略控制	激励约束机制	(1)战略评价与战略执行的匹配程度 (2)激励机制与战略执行的匹配程度
	效果控制	(1)跟踪和监督战略执行效果的机制的有效性 (2)纠正战略执行中出现偏差的机制的有效性

(三)激励和控制因素的调节作用

在战略实施过程中，中层管理者的行为会受到各种因素的影响，如来自高层的支持、良好的同事关系等，还有个人方面的因素，如文化背景、主动性等。一些因素会影响到中层管理者主动性的发挥，另一些因素会影响到战略实施的结果，特别是影响到战略修正的作用。具体情况如图 2-5 所示。

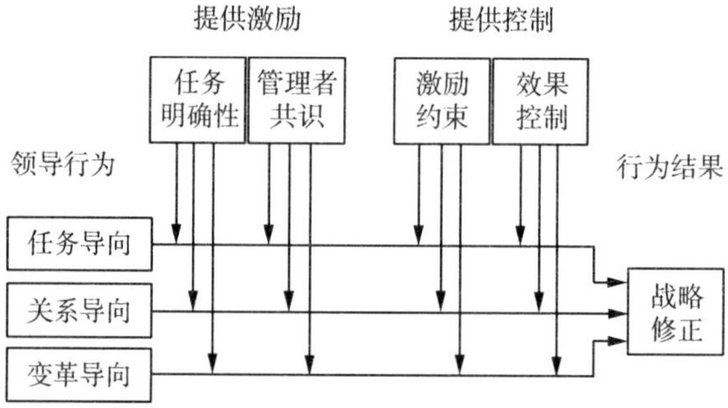

图 2-5　激励和控制因素对领导行为与战略修正关系的调节作用

弗洛伊德在描述中层管理人员的活动时，使用了“促进适应性”(facilitating adaptability)这样的词语。他们强调要建立灵活的组织架构，鼓励组织成员认清环境的变化，并对战略进行修正。[①] 中层管理者对战略的认识促成了主动性的发挥，鼓励组织成员在战略实施过程中形成合力，目的是保证组织活动与既定战略保持一致。

总的来看，在任务导向型领导行为、关系导向型领导行为和变革导向型领导行为中，任务明确性、管理者共识能够激励中层管理者积极领导团队，通过一系列的活动，贯彻各项战略措施。也就是说，任务明确性和管理者共识对领导行为的发挥起到激励作用。因此提出假设：

假设 Hb_1：任务明确性增强能够激发中层管理者的任务导向型领导行为与战略修正的正相关关系。

假设 Hb_2：管理者共识增强能够激发中层管理者的任务导向型领导行为与战略修正的正相关关系。

假设 Hb_3：任务明确性增强能够激发中层管理者的关系导向型领导行为与战略修正的正相关关系。

假设 Hb_4：管理者共识增强能够激发中层管理者的关系导向型领导行为与战略修正的正相关关系。

假设 Hb_5：任务明确性增强能够激发中层管理者的变革导向型领导行为与战略修正的正相关关系。

假设 Hb_6：管理者共识增强能够激发中层管理者的变革导向型领导行为与战略修正的正相关关系。

---

① Floyd W & Wooldridge B. Dinosaurs or Dynamos? Recognizing Middle Management's Strategic Role. *Academy of Management Executive*. Vol. 8, 1994.

控制型要素在战略实施过程中，对中层管理者的活动具有约束和控制作用。其中，激励约束机制往往是按照既定的战略计划，制定一系列规章制度，对中层管理者的行为具有导向作用。效果控制因素是属于事后调节方式，但是，对上一阶段成果的调节会影响到下一阶段中层管理者的行为和活动方式。因此提出假设：

假设 Hc_1：激励约束机制增强能够激发中层管理者的任务导向型领导行为与战略修正的正相关关系。

假设 Hc_2：效果控制机制增强能够激发中层管理者的任务导向型领导行为与战略修正的正相关关系。

假设 Hc_3：激励约束机制增强能够激发中层管理者的关系导向型领导行为与战略修正的正相关关系。

假设 Hc_4：效果控制机制增强能够激发中层管理者的关系导向型领导行为与战略修正的正相关关系。

假设 Hc_5：激励约束机制增强能够激发中层管理者的变革导向型领导行为与战略修正的正相关关系。

假设 Hc_6：效果控制机制增强能够激发中层管理者的变革导向型领导行为与战略修正的正相关关系。

三、数据收集与研究方法

（一）战略修正过程的特征

国内外学者在研究战略的过程中，将战略变化、战略转变等统统纳入战略变革中，各个学派从自己的观点出发，阐述了各自的战略变革的概念。因此，战略变革的内涵越来越丰富。如芮明杰将战略变革定义为：为了适应组织内外部环境的变化，组织在资源配置方式、结构以及行为上作出的调整。范德文等人将战略变革定义为：组织在形式、质量和状态上作出调整，以匹配特定的环境变化。组织与环境的这种“匹配”包含多种内容：(1)计划内容方面，如流程再造、市场开发、新能源的利用。(2)组织理念和文化方面，也就是组织中的战略共识、价值取向、组织行为等方面，这些因素决定了企业在选择产品或服务、客户以及生产方式方面的一种倾向性。(3)战略实施过程的展开要按照一定的路径和步骤进行，这些路径和步骤与特定的时间和空间情景相匹配。[①] 具体的研究

---

① Van de Ven, A. H. Suggestions for Studying Strategy Process: A Research Note. *Strategic Management Journal*. Vol. 13, 1992.

可见表 2-5。

表 2-5　　战略修正过程的特征研究理论

研究者	概念	特征
Van de Ven & Poole(1995)	战略变革	组织在形式、质量和状态上作出调整，以匹配特定的环境变化
芮明杰(1999)	战略变革	为了适应内外部环境的变化，组织在资源配置方式、结构以及行为上作出的调整
金生和刘妍(2008)	战略变革	(1)战略机会识别能力；(2)战略信息加工能力；(3)战略制定变革能力；(4)战略执行修正能力
Poskela & Martinsuo(2009)	战略修正	战略实施过程中出现问题，需要改变计划
Smith & Reinertsen (1998)	战略修正	市场变化和新机会的出现，需要新的方案进行支持，避免损失
McGrath (1996)	战略修正	战略实施过程中问题的解决依附于财政的支持力度以及中层管理者的主动性
Herstatt, Verworn & Nagahira (2004)	战略修正	市场出现新的机会或不确定性，中层管理者或者操作人员需要综合信息，获得高层的支持
Kleinschmidt, Koen & Reilly (2005)	战略修正	战略实施过程存在风险
Shenhar, Dvir, Levy & Malz (2001)	战略修正	包括改变目标，支持新方案

1. 战略机会识别能力，主要是指战略管理层对市场变化的把握能力，对对手战略思路的把控以及对应用新知识的敏感性等方面。能够灵敏地感知竞争对手的威胁，并清楚地了解组织存在的问题，能够在一定程度上体现出管理层的机会识别能力。

2. 信息综合能力，主要是指管理层对战略机会与威胁等方面的感知是通过信息的收集、加工和应用获得的。信息综合能力的大小取决于信息渠道的畅通、信息采集能力的强弱和手段，取决于信息分析加工能力。同时，信息综合工作的制度保证也是必不可少的，能够保证战略决策的科学性，保证战略实施过程顺利进行。

3. 战略方案的制订能力，是指企业制订、实施战略方案，并在战略实施中不断吸收新知识，及时调整战略方案、运行范式、运行路径的能力。

4. 战略修正能力，是指企业对变化了的外界环境或者内部环境的应变能力，它包括三个方面的内容，或者说是战略修正过程的三个阶段：(1)及时发现变化了的市场或者环境的能力；(2)综合、应用信息的能力；(3)将变化及时反映到高层管理者，并获得支持和帮助的能力。

其中，前两项明显是战略管理中战略制定过程的指标，反映了高层管理人员分析内外部环境优势和威胁，进而作出战略决策的能力。后两项则是在战略执行过程中，企业根据内外部环境的变化以及对战略执行的效果作出反应，制定相应的措施；同时，通过上下沟通，保证这些措施顺利实施。根据本书的研究目的，后两项就是我们所定义的战略修正的内容。

（二）战略修正过程的测度

对战略修正过程的研究已经有比较成熟的测定方法，赫斯塔特(Herstatt)等人在研究战略方案的不确定性问题时，克兰施米特(Kleinschmidt)等人在研究创新方案的风险性问题时，德维尔(Dvir)等人在研究多维战略概念的文献中，都采用了中介结构的方法测定战略修正的变量。

测量战略修正过程经常用的方法有两种，一种是深度访谈，另一种就是被调查者打分。在研究早期，还有推断法、评估法、访谈编码法等。随着对战略修正过程的研究越来越成熟，目前国外大多采用被调查者打分的方法。

顾名思义，被调查者打分法就是让调查对象对经历的事件从某个方面进行自我评估，然后根据问题给出自己主观判断的结论；有时需要用语言描述自己的结论，有时需要根据给出的标准，结合自己的结论给出分数，这就是所谓的“调查量表”。采用这种方法的前提条件是，被调查者，也就是管理者，必须具有对参与事件的观察、分类、分析的能力。调查者必须保证量表填写的质量。如果参与太深入，可能会对被调查者产生诱导；如果调查者不在场，被调查者对某些问题可能难以理解或者曲解了问题的本意，而使答案不符合调查者的要求。使用该方法时，首先要让被调查者了解与战略相关的知识，了解自己日常工作中的哪些事务与战略实施有关，关系的紧密程度如何，同时要了解自己的管理活动是属于问卷中的哪些内容。

采用被调查者打分法的优点是，中层管理者参与了战略实施的全过程，且在战略计划形成的过程中参与了很多内容的讨论或者编制工作，对调查问题有一个全面而深入的了解，有利于获得预期的效果。

此外，还有部分学者会采用过程研究的方法，也就是以战略的实施过程为主线，探讨影响战略实施效果的各种因素，然后对这些因素进行分析、筛选，找出主要的影响因素。有专家将战略过程和创新过程结合起来，创立了一个战略过程的创新型框架，其中包含了战略实施中执行计划的过程，也包含了由于管理创新而形成的对战略计划的修正过程。战略过程是一个多重战略相互交织的过程，即在战略计划实施的过程中，针对发现的问题或者出现的新情况以及环境出现的新变化，不断涌现出一系列的新计划，并不断加以实施。这些新计划的实施会对既定的战略计划产生影响，甚至由此发生很大的变化。他们认为创造性战略的产生过程可以形成新颖的战略选择，有助于发现并执行一个成功战略的机会；战略实现是战略过程的结果，创造性、洞察力以及理性分析能够帮助管理者将战略控制到希望的方向上；新颖战略的产生有三个方面的因素：一是发现战略实施过程中的问题，或者市场中出现的新机会；二是企业具有综合分析信息的能力，传达信息的通道顺畅；三是新的战略计划能够得到高层管理者的支持。①

对战略修正行为的测量研究，目前涉猎的研究人员不多。弗洛伊德等人的研究中显示了中层管理者的“社会逻辑思维”怎样转化成战略管理过程。他们认为，战略修正过程和战略执行过程是两种相互依赖的模式，而这两种模式，特别是前者，主要是通过中层管理者的活动而产生的。②

根据我们的研究，经过修改后的测量战略修正的内容如表 2-6 所示。

表 2-6　　战略修正测度与检验

变量	要素	α 值	因子载荷
战略修正	战略目标（或计划）需要修正，有新的机会或风险	0.759	0.854
	对战略的变化有足够的应对资源和能力		0.640
	在综合信息的基础上获得新的方案		0.814
	原来的方案得到改变		0.784

因变量“战略修正”的一致性系数 α 值为 0.759，满足高于 0.7 的最低标准，说明测量具备可接受的信度。“战略修正”变量的 4 个要素的测量值的载荷值最低为 0.640，大于 0.6 的最低标准，说明测量具备可接受的效度。

---

① Joomas D, Pihlajama M. Informational Dynamics of Censored Observations. *Management Science*. Vol. 37, 1991.

② Floyd W & Wooldridge B. *Building Strategy from the Middle: Reconceptualizing Strategy Process*. London: Sage Publications, 2000, pp. 134-138.

（三）自变量和控制变量的测量

1. 领导行为模式

被广泛采用的测量领导行为的量表大都来自埃克瓦尔的量表和尤克尔开发的量表。

埃克瓦尔等人是在提出了领导行为三维度理论，即任务导向型、关系导向型和变革导向型的同时，总结出了CPE模型量表。他们对搜集到的96个问题开展问卷调查并作统计分析，提炼出三组相关性较强的问题，构成领导行为的三个维度。然后，将每一组中的问题进行表面相关性和内效相关性方面的筛选，从而确定了CPE模型量表。量表包括任务导向型维度的10个问题、关系导向型维度的11个问题和变革导向型维度的10个问题。

尤克尔的量表是从"管理实践调查量表"中筛选出来的，用逻辑分析的方法对这些问题进行分析，包括哪些属于任务导向型，哪些属于关系导向型，哪些属于变革导向型，再经过实验性调查测试，最后确定下来。量表包括任务导向型方面的问题和关系导向型方面的问题各10个，变革导向型方面的问题13个。[①]这两个量表非常相似，后人在使用中逐渐削减一些项目，发现效果更好。根据经验，测量项目一般在4～6个比较恰当。梁欣如和许庆瑞在研究企业全面创新与领导行为模式的问题时，从两个量表中选择出符合中国企业实际情况的测量项目，每个维度的变量有4个。

我们按照这种方法，每个维度设4个测量项目。基本要求：(1)描述的活动必须是中层管理人员的活动，如涉及企业愿景、长期战略、远大目标之类的活动，属高层管理人员的活动，一般的中层管理人员很难接触到，不被选在测量项目中。(2)跨界活动逐渐被认为是一种能够引起管理学界和企业家注意的企业管理活动，因此涉及跨部门的联系活动被作为测量项目。(3)要求从中层管理人员的角度，对战略实施过程进行认知。

本书经过探索性因素分析，最终得到各含3个测量项目的因素分析结果，如表2-7所示。

表2-7　领导行为调查项目

变　量	项　目
任务导向型	规划工作活动以提高效率
	给下属以明确的指导
	强调效率和质量的重要性

① Yukl G. *Leadership in Organizations*. New Jersey: Prentice Hall, 1998, pp. 351-376.

续表

变　量	项　目
关系导向型	尊重关心下属
	尊重别人的观点、意见和建议
	授权
变革导向型	鼓励和促进员工开展团队学习
	阐述对未来的规划和想法
	鼓励员工用不同的方式看待问题

(1)任务导向型

埃克瓦尔等人开发的量表中,任务导向型维度的测量项目共 10 个。尤克尔开发的量表是从 MPS 量表中筛选出来的,其任务导向型维度的测量项目也是 10 个。我们从中选择与中层管理者活动有关的项目。为了减少调查的工作量,也可以与其行为形成对应关系,我们选择 4 个测量项目进行测量,如表 2-8 所示。

表 2-8　　任务导向型领导行为调查项目与检验

变量	项目	α 值	因子载荷
任务导向型	要求下属规划工作以提高效率	0.784	0.857
	提出明确的工作要求		0.796
	经常提出质量和效率的重要性		0.613
	经常给大家树立较高的效率标准		0.845

所有题目均采用李克特五点量表测量(1＝完全不同意,2＝不同意,3＝态度中立,4＝同意,5＝完全同意)。由表 2-8 可知,收集的数据具有很好的聚合效度和内部一致性,一致性系数 α 值为 0.784。

(2)关系导向型

在领导行为的关系导向型维度上,我们仍然应用上述方法和原则。埃克瓦尔开发的量表中,关系导向型维度的测量项目共 11 个,尤克尔的测量项目是 10 个。我们从中筛选出 5 个项目,如表 2-9 所示。

表 2-9　　关系导向型领导行为调查项目与检验

变量	项目	α值	因子载荷
关系导向型	关心并尊重下属	0.808	0.840
	尊重别人的观点、意见和建议		0.758
	常常适当地授权		0.732
	注重人际交往，建立良好的关系		0.857
	指导员工识别他人需求的能力		

应用相关分析法(correlation analysis)分析可知，“指导员工识别他人需求的能力”一项的一致性得分较低(与总分相对值只有 19.7%)，在以后的运算中删除此项。本书仍然采用李克特五点量表，5 个条目的一致性系数 α 值为 0.808。

(3)变革导向型

埃克瓦尔开发的量表中，变革导向型维度的测量项目共 10 个，尤克尔的测量项目是 13 个。我们从中选择 4 个项目，如表 2-10 所示。

表 2-10　　变革导向型领导行为调查项目与检验

变量	项目	α值	因子载荷
变革导向型	致力于追求企业的发展	0.754	0.808
	鼓励员工在工作中学习		0.632
	常常向大家阐述未来的规划		0.783
	鼓励员工用不同的方式看待问题		0.808

本研究仍然采用李克特五点量表，应用相关分析法和内部一致性准则法进行分析，符合要求。4 个项目的一致性系数 α 值为 0.754。

2. 激励与控制变量

在战略实施过程中，中层管理者的各项活动除了受内在的领导行为模式的影响外，还会受到各种激励和控制因素的影响。本书通过调查问卷检验前面总结的战略实施中的四个重要因素，以验证项目的有效性。如表 2-11 所示。

表 2-11 激励与控制变量的聚合性

构思变量	测度变量	项目	α值
战略激励	战略任务明确	(1)区分战略任务与日常业务的程度 (2)明确任务在战略中的作用 (3)与其他部门的关系 (4)保证日常压力不影响战略机制的有效性	0.866
	管理者共识	(1)管理者对企业前景的认可程度 (2)目标的认同 (3)时间的认同	0.687
战略控制	激励约束机制	(1)绩效评价与战略计划的匹配程度 (2)评价机构的有效性 (3)激励机制与战略计划的匹配程度 (4)激励机制的有效性	0.756
	执行效果控制	(1)跟踪和监督战略实施效果的机制有效性 (2)纠正战略实施中出现偏差的机制有效性	0.813

各量表的一致性系数 α 值均在可接受的范围内，具有良好的信度和聚合效度。

3. 控制变量

(1)人口统计学变量的差异(年龄、受教育程度)

西方研究者往往将人口特征作为一个重要的社会特征，将人口特征的相似性作为一个重要的研究指标。类似的理论普遍认为，人口特征变量的相似性将促进人际吸引，高度的人际吸引促进更频繁的交流和更大程度的社会整合。正如曾格(Zenger)等在研究中所指出的，人口统计学变量(年龄、性别、受教育程度、种族等等)上的差异对组织成员之间的沟通和某些结果变量有显著的影响。① 考虑到中国文化的特征以及本研究的背景和目的，将接受方与提供方的年龄差异、受教育程度差异两方面作为控制变量。

本书要求问卷填写人分别填写被评人的学历与受教育状况，选项为：(1)小学；(2)初中；(3)高中或中专；(4)大专；(5)本科；(6) 硕士；(7)博士；(8)不清楚。

① Zenger J, Lawrence H. *Human Resource Development: A Strategic Approach*. Human Resource Development Press Inc., 1994, pp. 231-235.

年龄选项为:(1)小于25岁;(2)26～30岁;(3)31～35岁;(4)36～45岁;(5)46岁以上。然后根据这些数据来计算团队年龄和受教育的平均水平,再用被评人的年龄和受教育水平与团队平均水平相对比,得到被评人年龄与所受教育与团队整体水平的差异程度。

(2)公司生命周期、企业规模以及企业所有制形式

企业在不同的"年龄阶段"会呈现不同的内在特征,学者们通过分析企业生命周期来研究企业产生、成长和衰亡的规律。葛雷纳(Greiner)在《组织成长的演变和变革》一文中,第一次提出了"企业生命周期"的概念。劳伦斯・米勒在《美国精神》一书中,把人类文明的兴衰归纳为春、夏、秋、冬四季。企业生命周期理论认为,企业像生物一样会经历出生、成长、鼎盛、衰老四个阶段,每个阶段都有其特定的本质特征。企业组织随着生命周期不断发展演变,必然展现出可以预测的具有一定特征的行为模式。

国内外多项研究均表明,在不同发展阶段,企业的经营模式、人际关系、组织结构等呈现不同的特点,推动战略产生和执行的领导模式也不同。为了对企业不同生命周期下的不同的领导模式特征及其对战略实施过程的影响进行比较,需要对公司"年龄"进行科学划分,依次可分为孕育期、初生期、成长期、成熟期和衰退期。具体划分阶段和各阶段的时间长度都不统一,从3个阶段到10个阶段不等,每阶段的时间长度约3年,整个周期为12年左右。但是,当企业规模较大时,时间周期会增加。所以,为了研究公司"年龄"对战略实施过程和中层管理人员领导模式的影响,本书将公司年龄划分成以下阶段:4年以下为"1"; 4～8年为"2";8～12年为"3";12～16年为"4";16年以上为"5"。公司创立时间有的是从投资创立开始,有的则是从重组开始,母公司的年龄不算作子公司的年龄。

大型企业在发展过程中形成了自己的管理模式,管理层次较多,组织结构较复杂,并容易形成受级别、资历影响的具有官僚倾向的指挥、协调方式,对战略实施过程起到重要的作用。而规模较小的企业管理方式相对灵活,横向的信息沟通和协调较多,容易形成以感情为基础的管理体系。因此,研究中层管理者的行为方式,有必要引入企业规模变量,以提高研究结果的解释力。

另外还要考察企业的所有制形式,备选项分别为:国有企业、民营企业、外资独资企业、中外合资企业。

(3)工作年限

工作年限对工作方式、人际关系、创新意识以及执行能力等都会有一定的影响,从而影响到整个企业战略实施过程。在一个公司工作的时间越长,越会深入融入公司的文化中,在正式组织和非正式组织中受到一定的约束,同时也会影响周围环境。

中层管理人员的工作年限和工作阅历会影响到他们的工作方式，同时他们也会受到同事、下属以及工作环境的影响，因此这里将其作为控制变量。从被调查的中层管理人员来看，工作年限在5～17年的范围内，而9～11年的人数最多。因此，我们将其分成5个年龄段：小于7年的为"1"；7～9年的为"2"；9～11年的为"3"；11～13年的为"4"；13年以上的为"5"。

(四)样本与分析方法

1.样本的人口统计学特征和分布

本书采用的是基本的多元统计分析方法。为了满足一致性与正态分布的假定，要求样本必须足够大。但是关于样本容量足够大的标准，学者们有不同的观点，而且相差很大。安德森(Anderson)认为100～150个为下限；布姆斯(Boomsma)认为400个较为合适；马什(Marsh)等人则认为，如果观测变量与因素的比值是3或者4，则样本数至少为100，若比值是6及以上，则样本容量在50以下也是合适的，即样本数和观测变量与因素的比值之间具有互补的效果。

考虑到客观条件的限制，本书实际投放纸质问卷300份，其中200份是在工程硕士班和MBA学员班完成的，另外100份采取上门一对一填写等方法，以提高问卷回收率。为了尽快并尽可能多地取得调查数据，本书还通过Email发放问卷。通过Email发放问卷，即通过人际关系进行转寄，指的是在某一企业中有关系较好的管理人员，让其完成本企业的问卷收集工作。这种方法有效避免了普通Email问卷调查中常出现的回收率低的缺点。

由于本书关注的是中层管理人员的行为，所以在样本选取中主要针对的是战略执行中的行业和岗位，具体选择了山东省重点行业中从事管理工作的中层干部为抽样总体。其中，农机生产企业、汽车生产企业、汽车配件生产企业属于制造业，煤炭生产企业和发电企业、电力企业属于能源行业，银行、投资公司等属于金融业。具体如表2-12所示。

表2-12 样本单位描述性统计

序号	代号	企业	样本数	比例(%)
1	A	重汽集团	50	13.6
2	B	奥克汽车配件	31	8.4
3	C	雷沃农用机械	56	15.3
4	D	兖矿煤业	93	25.3
5	E	矿业技术咨询	19	5.1
6	F	山东电力	44	11.9

续表

序号	代号	企业	样本数	比例(%)
7	G	兖矿、鸟村电厂	31	8.5
8	H	华夏银行(滨洲、聊城)	25	6.8
9	I	华夏证券(济南)	18	5.1
10		总计	367	100

在这些企业中,管理层有明确的战略意图和目标,所抽取样本的部门要求是战略实施所涉及的部门,或者与战略实施密切相关,其中的部门管理人员在战略实施中起着重要的作用。

根据以上原则,本书选择的这 9 家企业的中层管理人员来自企业的不同部门,有技术支持和技术研发部门,有财务部门、营销部门等。最终,工程硕士班学员共回收合格问卷 196 份,回收率为 98%;对企业中层管理者则采用访谈式的问卷调查,最终共回收合格问卷 94 份,回收率为 94%;再加上通过 Email 回收的问卷,共回收合格问卷 367 份。有效问卷回收率是满足要求的。

在有效的问卷中,有 89.6%的问卷填写人为男性。问卷填写人的人口统计量信息参见表 2-13。

表 2-13　样本人口统计学变量的描述性统计

统计量	年龄	学历	岗位工龄	企业工龄	工龄
均值	30.583	2.734	4.450	6.244	7.853
标准差	7.067	0.798	5.071	6.653	8.149
最小值	23.00	3.00	0.10	0.10	0.25
最大值	53.00	6.00	19.00	35.00	35.00
偏度	0.830	−0.331	1.718	2.082	1.627
偏度标准误差	0.217	0.214	0.217	0.217	0.217
峰度	2.588	−0.215	1.833	4.675	2.217
峰度标准误差	0.431	0.425	0.431	0.431	0.431

从年龄结构来看,受访者主要集中在 45 岁以下,25～45 岁年龄段的受访者居多,累计占有效样本总量的 3/4(73.3%)。样本的分布能够代表中层管理者总体的分布形态,如表 2-14 所示。

表 2-14　　　　样本年龄频数分布表

	≤25 岁	26～30 岁	31～35 岁	36～45 岁	≥46 岁	总计
频数	77	154	68	47	21	367
有效百分比(%)	21.0	41.9	18.5	12.9	5.7	100
累计百分比(%)	21.0	62.9	81.4	94.3	100	

在行业从业经验方面，有超过一半的受访者具有 8 年以上的从业经验，平均从业时间为 6.244 年，标准差为 6.653。如表 2-15 所示。

表 2-15　　　　岗位工龄频数分布情况

	<2 年	2～4 年	4～6 年	6～8 年	>8 年	总计
频数	13	13	52	66	223	367
有效百分比(%)	3.5	3.5	14.2	18.0	60.8	100
累计百分比(%)	3.5	7.0	21.2	39.2	100.0	

总体来看，从业时间分布不均匀，不符合正态分布的特点，因此得出的结果可能不能反映实际情况，因此我们决定调整年龄分组的组距。从统计来看，岗位工龄超过 8 年的超过 60%，可将组距调整为 4 年，如表 2-16 所示。在这种分组情况下，既能保证分布状态的合理性，又能显示出样本具有较强的代表性。

表 2-16　　　　岗位工龄频数分布情况

	<4 年	4～8 年	8～12 年	12～16 年	>16 年	总计
频数	26	118	137	67	19	367
有效百分比(%)	7.1	32.2	37.3	18.3	5.1	100
累计百分比(%)	7.1	39.3	76.6	94.9	100.0	

从中层管理者所属的企业部门来看，最多的是行政部门，占 35.5%，其次是技术部门和财务部门，分别占 21.2%和 21.6%，市场营销部门和人力资源管理部门分别占 10.6%和 10.8%。总体情况来看，样本在企业各个部门的分布比较均匀。市场营销部门直接面对市场，受外界环境变化影响最大。其次是技术部门，要围绕市场对产品或服务需求的变化开发新产品，或者客户对技术服务的要求越来越高，这些都会对技术部门产生冲击。财务部门和人力资源管理部门是支持性的部门，不会直接面对市场。财务部门提供财务数据，分析市场变化影响的结果，为战略计划的确立和执行提供数据支持；人力资源管理部门为战略实施提供人力保障和激励措施，如培训系统、薪酬体系和福利保障等，这些

措施会随着战略实施阶段的不同而发生相应的变化。样本在这些部门的分布比较均匀，具体如表 2-17 所示。

表 2-17　　样本企业主管部门频数分布情况

	技术	行政	市场营销	财务	人力资源	总计
频数	78	131	39	79	40	367
有效百分比(%)	21.3	35.7	10.6	21.5	10.9	100
累计百分比(%)	21.3	57	67.6	89.1	100.0	

总工龄代表着样本的行业经验。经验越丰富，对于中层管理者了解生产过程、应对产品市场的变化至关重要，对战略的执行过程和战略的修正过程有一定的影响。从分布来看，大部分的中层管理者工龄在 10 年以下(占 75%左右)，具有一定的代表性，如表 2-18 所示。

表 2-18　　样本总工龄频数分布情况

	<5 年	5～10 年	11～15 年	16～20 年	>20 年	总计
频数	106	168	30	33	30	367
有效百分比(%)	28.9	45.8	8.2	9.0	8.1	100
累计百分比(%)	28.9	74.7	82.9	91.9	100.0	

在受教育程度上，所有受访者都具有大专以上学历，其中大学本科学历的受访者达 298 人，超过有效样本的 3/4。在企业中，中层管理人员的平均受教育程度要高于其他员工群体，因此这样的学历结构是可以接受的。

样本涉及各行各业，有国有企业、合资企业、私营企业、合伙企业等。采集的样本涵盖面较广，主要是考虑不同性质的企业在面临市场变化时会有不同的反应。国有企业一般是处于垄断地位的企业，如电力企业、电厂等，当战略发生变化时，较少考虑成本和资金来源的问题；但是私营企业因环境变化而改变战略时，高层管理者会反复审视其必要性，还要计算成本，并筹集资金；中层管理者在向上的影响和向下的影响上会受到各种阻力和约束。样本涉及行业的比例如表 2-19 所示。

表 2-19　　样本所在不同性质的企业频数分布情况

	国有企业	外资企业	合资企业	私有企业	其他	总计
频数	160	49	106	33	19	367
有效百分比(%)	43.6	13.4	28.9	9.0	5.1	100
累计百分比(%)	43.6	57	85.9	94.9	100.0	

综上可知，本书的调查样本涉及不同年龄层次、不同学历结构，所属行业涵盖了机械制造、电力以及金融证券和技术咨询等领域，能够综合反映企业中层管理人员的各种情况，样本具有较强的代表性和针对性。

2.研究方法

调节效应也就是交互作用模型，具体如图 2-6 所示。它的检验一般采取两个步骤：

第一步，首先检验自变量(A)和因变量(C)是否存在直接的和显著的相关关系；如果存在某种直接的和显著的相关关系，则进行第二步检验。

第二步，将自变量(A)和调节变量(B)相乘以后构成一个新的变量(D)，代入回归方程，检验新变量(D)和因变量(C)之间是否存在直接和显著的相关关系；如果存在这种关系，则说明调节效应(交互作用模型)成立。

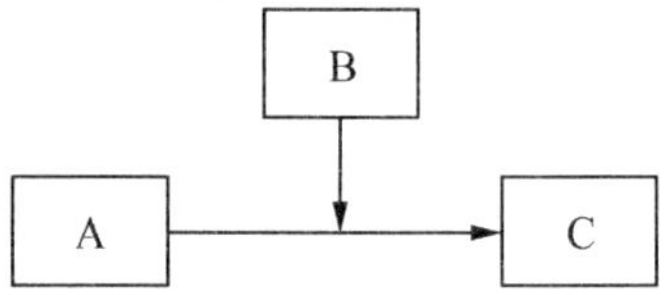

图 2-6　调节效应示意图

四、回归分析与假设检验

(一)相关矩阵

本书对变量相关性进行分析的目的是检验任意两个变量之间的区分程度。如果两个变量之间的相关性太高，则说明两个变量难以区分；换句话说，就是这两个变量独立性差，不能成为两个独立的变量。一般认为，当两个变量的相关系数大于 70%时，就认为这两个变量过于趋同，不能进行统计分析。这时，可以考察这两个变量的平均方差提取值的开平方值 $\sqrt{AVE}$，将 $\sqrt{AVE}$ 与相关系数进行比较。如果 $\sqrt{AVE}$ 大于相关系数，仍然可以认为二者具有合适的区分度。

从数据组的均值、标准差、峰度、偏度的数据可以判断出，各变量所用数据达到正态分布的要求。由相关性分析可以看出，变量设置的区分度能够满足要求，表示有较好的区分度，如表 2-20 所示。

表 2-20　　**变量相关系数**

变量	均值	标准差	1	2	3	4	5	6	7	8	9	10
1. 战略修正	3.392	0.682	1									
2. 任务导向型	3.182	0.795	0.609 **	1								
3. 关系导向型	3.132	0.860	0.498 **	0.612 **	1							
4. 变革导向型	2.040	0.052	0.595 **	0.695 **	0.603 **	1						
5. 任务明确	3.223	0.612	−0.035	−0.024	0.698 **	0.598 **	1					
6. 管理者共识	0.033	0.582	−0.049	0.130	0.015	−0.047	0.009	1				
7. 激励约束机制	0.011	0.596	−0.143	−0.104	−0.148	−0.095	−0.129	0.205 *	1			
8. 效果控制	0.021	0.493	−0.040	−0.066	0.018	0.096	0.025	0.051	0.709 **	1		
9. 受教育水平	2.193	1.112	−0.054	−0.021	−0.161	−0.073	0.003	−0.076	−0.123	0.067	1	
10. 年龄	2.981	1.261	0.129	−0.227	−0.067	0.169 *	0.026	−0.024	0.011	−0.141	−0.083	1
11. 工作年龄	3.142	1.532	−0.159	0.149	−.025	0.130	−0.213 *	0.020	−0.085	−0.150	0.034	0.542 **
12. 公司年龄	2.875	1.280	−0.129	0.175 *	0.088	0.046	−0.079	0.002	0.001	0.000	0.099	−0.110
13. 公司规模	3.887	0.496	−0.159	−0.300 **	0−.125	−0.130	−0.218 *	0.020	−0.075	−0.050	0.043	0.542 **
14. 所有制形式	3.999	1.180	0.329 **	0.179 *	−0.088	−0.046	0.079	−0.002	−0.001	0.000	−0.099	−0.110

注：2-tailed test；* $p<0.05$；** $p<0.01$。

(二)中层管理者的领导行为与战略修正之间的关系

本书采用回归模型验证前提假设:

Ha_1:任务导向型领导行为与战略修正呈正相关关系;

Ha_2:关系导向型领导行为与战略修正呈正相关关系;

Ha_3:变革导向型领导行为与战略修正呈正相关关系。

具体如表 2-21、表 2-22、表 2-23 所示。

表 2-21　　回归分析结果:任务导向型——战略修正

		模型 1	模型 2	模型 3
常量		5.793**	3.705**	1.251**
控制变量	教育水平	0.243	0.038	0.072
	入职年限	−0.063	0.084	0.037
	年龄	−0.134	−0.081	−0.103
	公司年龄	0.354	0.073	0.034
	公司规模	−0.053	0.038	0.059
	所有制形式	0.853**	0.083	0.081
自变量	任务导向型		0.386**	0.367**
	任务导向型的平方			0.003
	R^2	0.232	0.498	0.498
	Adjusted R^2	0.119	0.279	0.125

注:2-tailed test; * $p<0.05$; ** $p<0.01$。

表 2-22　　回归分析结果:关系导向型——战略修正

		模型 1	模型 2	模型 3
常量		5.793**	2.287**	1.356**
控制变量	教育水平	0.243	0.039	0.077
	入职年限	−0.063	0.062	0.058
	年龄	−0.134	−0.101	−0.098
	公司年龄	0.354	0.078	0.058
	公司规模	−0.053	−0.055	0.058
	所有制形式	0.853**	0.082	0.053

续表

		模型 1	模型 2	模型 3
自变量	关系导向型		0.213*	142
	关系导向型的平方			0.045
	R^2	0.232	0.312	0.103
	Adjusted R^2	0.119	0.297	0.085

注:2-tailed test; * $p<0.05$; * * $p<0.01$。

表 2-23　　回归分析结果:变革导向型——战略修正

		模型 1	模型 2	模型 3
常量		5.793**	3.705**	2.271**
控制变量	教育水平	0.243	0.072	0.056
	入职年限	−0.063	0.037	0.062
	年龄	−0.134	−0.103	−0.087
	公司年龄	0.354	0.034	0.134
	公司规模	−0.053	0.059	−0.062
	所有制形式	0.853**	0.081	0.068**
自变量	变革导向型		0.277**	0.214*
	变革导向型的平方			0.024
	R^2	0.232	0.401	0.217
	Adjusted R^2	0.119	0.274	0.035

注:2-tailed test; * $p<0.05$; * * $p<0.01$。

回归结果表明,“任务导向型”变量与因变量“战略修正过程”的回归相关性得到验证。将“任务导向型的平方”带入模型,验证非线性相关性,回归结果证明不存在。说明中层管理者的任务导向型领导行为与战略修正过程存在稳定的、直接的相关性,即证明了假设 Ha_1。

对于假设 Ha_2:中层管理人员的关系导向型领导行为促进战略的修正过程,在 0.05 的显著程度下成立。经过检验证明,二者的非线性相关关系不存在,说明中层管理者的关系导向型领导行为与战略修正过程存在稳定的、直接的相关性。

对于假设 Ha_3：中层管理人员的变革导向型领导行为促进战略的修正过程得到验证，二者的非线性相关关系经过检验证明不存在，说明中层管理者的变革导向型领导行为与战略修正过程存在稳定的、直接的相关性。

（三）激励和控制因素的调节作用的回归分析

1. 回归分析

本书用验证交互作用变量的方法，验证假设：

Hb_1：增强任务明确性能够激发中层管理者的任务导向型领导行为与战略修正的正相关关系。

Hb_2：增强管理者共识能够激发中层管理者的任务导向型领导行为与战略修正的正相关关系。

Hb_3：增强任务明确性能够激发中层管理者的关系导向型领导行为与战略修正的正相关关系。

Hb_4：增强管理者共识能够激发中层管理者的关系导向型领导行为与战略修正的正相关关系。

Hb_5：增强任务明确性能够激发中层管理者的变革导向型领导行为与战略修正的正相关关系。

Hb_6：增强管理者共识能够激发中层管理者的变革导向型领导行为与战略修正的正相关关系。

第一步，将控制变量代入模型，以控制非战略因素对战略修正的影响；第二步，带入自变量“任务导向型行为”和调节变量“任务明确性”；第三步，代入交互项“任务导向型×任务明确性”，以验证调节效应。同样的步骤，检验“管理者共识”“激励约束机制”“效果控制”等因素的调节作用。

回归分析显示，“任务导向型×任务明确性”的系数显著，说明加入交互项后，回归模型的解释力显著增加，即任务明确性对中层管理者的任务导向型领导行为与战略修正的正相关关系具有调节作用，支持假设 Hb_1。

同样，“任务导向型×管理者共识”系数显著，回归结果支持了假设 Hb_2：管理者共识对中层管理者的任务导向型领导行为与战略修正的正相关关系具有调节作用。具体如表 2-24、表 2-25 所示。

表 2-24　　回归分析结果：任务导向型×任务明确性——战略修正

		模型 1	模型 2	模型 3
控制变量				
自变量	任务导向型		0.275**	0.218**

续表

		模型 1	模型 2	模型 3
	任务明确性		0.165**	0.150**
	任务导向型×任务明确性			0.103**
	R^2	0.232	0.498	0.498
	Adjusted R^2	0.219	0.279	0.125

注：省略了控制变量的系数，下同。

表 2-25　　回归分析结果：任务导向型×管理者共识——战略修正

		模型 1	模型 2	模型 3
控制变量				
自变量	任务导向型		0.386**	0.367**
	管理者共识		0.201**	0.185**
	任务导向型×管理者共识			0.112**
	R^2	0.232	0.357	0.234
	Adjusted R^2	0.219	0.289	0.198

回归分析结果显示，提供激励的两个因素对中层管理者的关系导向型领导行为与战略修正的正相关关系都具有调节作用。“关系导向型×任务明确性”的系数显著，增强了模型的解释力，支持了假设 Hb_3。同样，“关系导向型×管理者共识”的系数显著，支持了假设 IIb_4。具体如表 2-26、表 2-27 所示。

表 2-26　　回归分析结果：关系导向型×任务明确性——战略修正

		模型 1	模型 2	模型 3
控制变量				
自变量	关系导向型		0.174**	0.156**
	任务明确性		0.298**	0.215**
	关系导向型×任务明确性			0.138**
	R^2	0.232	0.256	0.354
	Adjusted R^2	0.219	0.213	0.167

表 2-27　　回归分析结果:关系导向型×管理者共识——战略修正

		模型 1	模型 2	模型 3
控制变量				
自变量	关系导向型		0.265 * **	0.367 * **
	管理者共识		211 * **	187**
	关系导向型×管理者共识			0.154**
	R^2	0.232	0.281	0.278
	Adjusted R^2	0.219	0.168	0.096

回归分析结果显示,提供激励的两个因素对中层管理者的变革导向型领导行为与战略修正的正相关关系的调节作用不明显。因此,不支持假设 Hb_5 和 Hb_6。具体如表 2-28、表 2-29 所示。

表 2-28　　回归分析结果:变革导向型×任务明确性——战略修正

		模型 1	模型 2	模型 3
控制变量				
自变量	变革导向型		0.287**	0.243**
	任务明确性		0.167	0.198
	变革导向型×任务明确性			0.105
	R^2	0.232	0.243	0.237
	Adjusted R^2	0.219	0.132	0.098

表 2-29　　回归分析结果:变革导向型×管理者共识——战略修正

		模型 1	模型 2	模型 3
控制变量				
自变量	变革导向型		0.312**	0.276**
	管理者共识		0.109	0.089
	变革导向型×管理者共识			0.012
	R^2	0.232	0.179	0.109
	Adjusted R^2	0.219	0.105	0.089

2. 提供控制的战略因素的调节作用

针对提供控制的两个因素“激励约束机制”和“效果控制”进行回归检验，本书提出假设：

Hc_1：增强激励约束机制能够激发中层管理者的任务导向型领导行为与战略修正的正相关关系。

Hc_2：增强效果控制机制能够激发中层管理者的任务导向型领导行为与战略修正的正相关关系。

Hc_3：增强激励约束机制能够激发中层管理者的关系导向型领导行为与战略修正的正相关关系。

Hc_4：增强效果控制机制能够激发中层管理者的关系导向型领导行为与战略修正的正相关关系。

Hc_5：增强激励约束机制能够激发中层管理者的变革导向型领导行为与战略修正的正相关关系。

Hc_6：增强效果控制机制能够激发中层管理者的变革导向型领导行为与战略修正的正相关关系。

回归分析的步骤与前面相同：第一步，将控制变量代入模型，以控制非战略因素对战略修正的影响；第二步，带入自变量“任务导向型领导行为”和调节变量“激励约束机制”；第三步，代入交互项“任务导向型×激励约束机制”，以验证调节效应。

回归分析显示，“任务导向型×激励约束机制”的系数显著，说明加入交互项后，回归模型的解释力显著增强，即激励约束机制对中层管理者的任务导向型领导行为与战略修正的正相关关系具有调节作用，支持假设 Hc_1。

同样，“任务导向型×效果控制”系数显著，回归结果支持了假设 Hc_2，即效果控制对中层管理者的任务导向型领导行为与战略修正的正相关关系具有调节作用。具体如表 2-30、表 2-31 所示。

表 2-30 回归分析结果：任务导向型×激励约束机制——战略修正

		模型 1	模型 2	模型 3
控制变量				
自变量	任务导向型		0.275**	0.218**
	激励约束机制		0.165**	0.150**
	任务导向型×激励约束机制			0.103**
	R^2	0.232	0.498	0.498
	Adjusted R^2	0.219	0.279	0.125

表 2-31　　回归分析结果:任务导向型×效果控制——战略修正

		模型 1	模型 2	模型 3
控制变量				
自变量	任务导向型		0.182**	0.177**
	效果控制		0.186**	0.165**
	任务导向型×效果控制			0.121**
	R^2	0.232	0.298	0.234
	Adjusted R^2	0.219	0.206	0.143

回归分析结果显示，提供控制的两个因素对中层管理者的关系导向型领导行为与战略修正的正相关关系具有不同的调节作用。“关系导向型×激励约束机制”的系数显著，增强了模型的解释力，支持了假设 Hc_3；而“关系导向型×效果控制”的系数不显著，不支持假设 Hc_4。具体如表 2-32、表 2-33 所示。

表 2-32　　回归分析结果:关系导向型×激励约束机制——战略修正

		模型 1	模型 2	模型 3
控制变量				
自变量	关系导向型		0.367**	0.32***
	激励约束机制		0.108	0.113**
	关系导向型×激励约束机制			0.132*
	R^2	0.232	0.232	0.287
	Adjusted R^2	0.219	0.142	0.163

表 2-33　　回归分析结果:关系导向型×效果控制——战略修正

		模型 1	模型 2	模型 3
控制变量				
自变量	关系导向型		0.265**	0.367**
	效果控制		0.211**	−0.187
	关系导向型×效果控制			−0.154
	R^2	0.232	0.281	0.278
	Adjusted R^2	0.219	0.168	0.096

回归分析结果显示，提供控制的两个因素对中层管理者的变革导向型领导行为与战略修正的正相关关系的调节作用不相同。“变革导向型×激励约束机制”的系数显著，增强了模型的解释力，支持了假设 Hc_5。“变革导向型×效果控制”的系数不显著，不支持假设 Hc_6。具体如表 2-34、表 2-35 所示。

表 2-34　回归分析结果:变革导向型×激励约束机制——战略修正

		模型 1	模型 2	模型 3
控制变量				
自变量	变革导向型		0.234**	0.116**
	激励约束机制		0.256**	0.205**
	变革导向型×激励约束机制			0.113**
	R^2	0.232	0.243	0.241
	Adjusted R^2	0.219	0.124	0.114

表 2-35　回归分析结果:变革导向型×效果控制——战略修正

		模型 1	模型 2	模型 3
控制变量				
自变量	变革导向型		0.279**	232**
	效果控制		−0.141	−0.109
	变革导向型×效果控制			−0. 120
	R^2	0.232	0.154	0.109
	Adjusted R^2	0.219	0.113	0.076

五、结果讨论

通过实证研究得到以下结论：

第一，战略修正是企业在战略实施过程中，在识别了环境的变化可能带来的机遇或者威胁后，通过中层管理者的信息综合活动以及向上的信息传达活动等，将新的战略方案付诸实践的过程。中层管理者的领导行为模式对战略实施过程有重要影响。

战略修正过程是由参与战略实施的人员通过各种活动实现的，本书研究的是中层管理人员在战略修正过程中的行为。由于各种活动比较复杂，这里我们将中层管理人员的各种管理活动归结为任务导向型、关系导向型和变革导向型三种模式，然后将这三种模式作为自变量，将战略修正作为因变量，设计模型进行检验。

第二,中层管理者的领导模式模型在战略实施过程中得到进一步验证。即:无论是任务导向型领导行为,还是关系导向型领导行为,抑或是变革导向型领导行为,都在战略修正过程中起到正向作用,表明中层管理人员通过这三种领导行为增强了战略实施过程中对战略计划和框架进行修正的能力,保证了企业向着正确的方向发展。

第三,战略实施过程中的两类调节因素,一是提供激励的任务明确性、管理者共识,二是提供约束的激励约束机制、效果控制,在战略实施过程中具有重要作用。从数据分析的结果看,任务明确性的提高有利于任务导向型领导行为和关系导向型领导行为的发挥,可促进对战略修正的正向作用;同样,管理者共识增强了任务导向型、关系导向型领导行为与战略修正的正向相关性,促使组织通过各种战略活动实现战略修正,以适应环境的变化。

激励约束机制对任务导向型、关系导向型以及变革导向型的领导行为与战略修正过程的正向关系有促进作用,也就是说,激励约束机制明确、执行到位,对于领导力的发挥有重要作用。效果控制机制属于事后控制体系,它只对任务导向型领导行为与战略修正过程的正相关关系有促进作用,而对关系导向型、变革导向型领导行为的调节作用不明显,甚至有阻碍作用。

在战略管理实践中,根据本部分的结论给出以下建议:

第一,中层管理人员的作用是通过各种指挥、控制、沟通等活动表现出来的,而这些活动都体现出了管理者的领导理念,这种理念或管理思想与活动的统一就是行为模式。本书通过对这些行为模式的研究,揭示出哪些行为影响着战略实施过程的执行能力,哪些行为影响着战略修正能力。从中可以看出,中层管理人员的任务导向型行为对战略执行和战略修正都具有正向的促进作用,这是中层管理者必须具备的基础能力。许多对中层管理人员的研究也证明了这一点。面对复杂多变的环境,企业要想走得更远,就需要有效地激励团队成员克服困难,关系导向型领导行为是现代企业管理对中层管理人员提出的要求。变革导向型行为是对管理人员的更高层次的要求,从本书的模型检验可以看出,并不是所有过程都需要变革导向型行为,它只有在战略修正过程中才具有明显的促进作用。

第二,制定激励和约束机制要考虑企业的生产性质以及员工的文化背景和外界环境等因素。激励约束机制应该以实现企业的总体目标为根本,鼓励员工大胆创新,特别是中层管理者,在战略实施过程中应发挥主体作用。

中层管理者在战略管理中的领导行为及其作用,是非常重要的研究课题,是组织行为研究的重要内容。就像明茨伯格认为的那样,战略制定好了以后,高层管理者的作用就会减弱,中层管理者在执行过程中起到决定性的作用。本书是从领导行为和战略修正这个方面进行的研究,具体的活动过程以及影响机理还需要进一步探讨,这需要新的研究方法和理论作指导。

第三章　外界环境对中层管理人员领导模式的影响

本章研究外界环境的变化对中层管理者的行为以及战略过程的影响。外界环境的变化是外生的变量，不会通过调节发生改变。企业只能通过改变自己的组织结构或者战略来适应环境。通过文献研究可以看出，外界环境的变化会影响中层管理者的行为，领导行为则引领了各种活动的精神和方向，最终带来了战略的实施结果。本章将用实证方法验证这些结论。

一、外界环境的影响

米勒(Miller)认为，外界环境是指围绕着组织的挑战、资源、经济和人群。它将导致不同的结果，这些结果将影响包括战略在内的组织领导过程。环境作为一种综合力量，历来为研究者所重视。领导权变理论(Contingency Theory)阐述了外部环境和领导之间的联系。例如，外部环境越稳定，内部结构越正规。明茨伯格甚至指出，现在的领导和组织变得越来越从属于外部环境。

根据伯格曼的组织生态理论可知，组织的各种内部环境，包括规章制度、行为准则、战略计划等，都是对外界环境的反映。当外界环境发生变化时，内部环境的选择、战略的变化并不是高层管理者精心决策的结果，而是因操作层在各种各样的"主动性"中形成的。这种"主动性"是对外界环境的作用力作出的反应，这些"主动性"是否被采纳和组织绩效是否得到提高，取决于它们是否与外界环境选择的价值观相一致。

外界环境的变化首先在最接近市场和工作环境的操作层显示出来，结果就是形成各种各样的"主动性"。中层管理者的作用就是综合各种信息，促成既定战略在操作层的理解、传播，并与环境信息相比较，以促进组织的适应性。这种适应性和对战略的理解，促成了对组织能力的运用，使组织能更好地执行既定战略。同时，对战略的理解以及与环境信息作比较，又形成了对操作层的主动性的支持。这种支持更是一种选择性支持，是中层管理者主动性的重要方面。最终，选定的方案被编入既定的战略计划中，并进入实施过程，既定的战略方案得到修正。具体如图 3-1 所示。

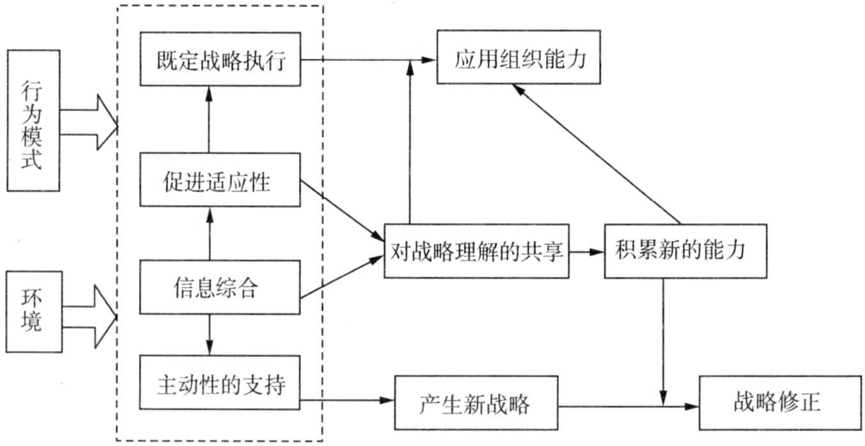

图 3-1　环境因素对组织活动的影响

在战略实施过程中，中层管理人员的三种领导行为模式在时间和空间上同时存在，影响着中层管理者的各项活动。影响方式主要体现在行为动机、行为习惯以及行为逻辑上，影响结果是各项活动会达到不同的效果。

组织外部环境包括组织外部的各项因素，包括个人、团体和其他组织，其中技术的和社会的力量对于组织绩效和组织发展有着重大影响力。有专家认为，由于组织外部环境是企业经营业务发挥作用的重要舞台，因而对于企业的领导与创新具有深远影响。①

在研究战略过程中的组织成员的行为方式时，外界环境的不确定性是一个重要的外生变量。外界环境的不确定性在很大范围内影响到中层管理者的领导模式。大量研究指出，在外界环境不确定性较强的情况下，组织更为需要富有创新精神的领导团体。扎姆托(Zammuto)等人认为，环境的不确定性将改变资源位置，改变组织执行任务时的优先级别和计划，也将提升组织在控制和协同中的柔韧性和响应速度，这将决定组织是否能够有效地发现并响应外界难以察觉的问题和机会。这些变化要求领导者更为细致地考虑任务分配与执行，同时要分析处理大量的信息，当然也就增加了收集、分析这些信息所需要的时间

---

① Tornatzky J D, Srinivasan V. Quota-based Compensation Plans for Multi-territory Heterogeneous Salesforces. *Management Science*. Vol. 42, 1996.

和人力、物力。①

二、提出概念模型和假设

(一)外界环境的特征

外界环境的不确定性因素是一个研究比较多的、较为成熟的概念,很多企业经营、战略管理等问题都会涉及环境的影响。

表 3-1 外界环境影响研究

作者及年份	自变量	因变量	研究结果
Thompson (1967)	环境多样性、时间、环境变化、潜在趋势、组织结构	专业化程度、决策者行为	外界环境的复杂性影响专业化程度,影响决策者的行为
Child(1972)	环境多样性、联系性、行业增长速度、居民收入变化、技术进步	市场占有率、战略修正	市场占有率与行业增长速度有关;环境多样性使中层管理者重视战略修正的作用
Dess & Beard (1984)	环境多样性、产品生命周期、市场潜在趋势	新产品战略、战略实施中的修正、市场占有率	环境多样性和产品生命周期的缩短推进了新产品的战略实施;市场的变化促进战略修正
Miller & Friesen (1983)	环境的变化、环境多样性、授权、专业化、集中决策	领导行为、战略活动、执行	集中决策机制有利于应对复杂环境所带来的多种问题;环境变化影响授权和领导行为
Duncan(1972)	环境变化速度、环境变化的数量、环境多样化、环境因素联系性	决策行为、决策过程、管理者对环境的感知	决策者倾向于减少风险的行为;动态的环境需要大量的信息处理和任务分析

① Zammuto P, Koenigsberg O, Purohit D. The Role of Production Lead-time and Demand Uncertainty in Durable Goods Market. *Management Science*. Vol. 53, 2007.

续表

作者及年份	自变量	因变量	研究结果
Burns & Stalker (1961)	环境变化速度、环境变化的数量、环境多样化、新产品差异化	管理者行为、对任务的明确性	环境变动性明显影响对任务的分析以及对新产品的定价和数量的决策
Daft & Sormunen et al. (1988)	技术更新速度、消费者预期的变化、决策形式(集中决策、个人决策)、市场占有率的变化	收益预期、与员工的关系、信息综合能力	快速而且大范围的变化将导致组织预期收益的可信度降低;影响信息综合的成本和质量
Daft & Weick (1984)	技术更新速度、消费者预期的变化、决策形式、市场占有率的变化	管理者决策行为、新产品战略的修正	外界环境的复杂性影响对市场的预测;信息分析成本明显增加,影响技术研发任务的清晰程度
Floyd & Wooldridge (1997)	市场产品的占有率变化、竞争对手研发能力、对手产品价格变化、中层管理者的行为导向	中层管理者信息综合、战略修正、获得支持程度	中层管理者的行为导向明显影响操作层和高层管理者对问题的理解
Miller (1988)	外界环境的复杂性、环境变动性、专业化程度、产品线的复杂性、相近产品的多少及市场占有、产品寿命、决策形式、授权情况	决策者学习、战略修正、决策行为	授权和专业化领导以及集中决策机制有利于应对复杂环境所带来的多种问题;外界环境的变动明显影响对信息的感知能力
DePietro & Wiarda(1990)	外界环境的复杂性、环境变动性、战略实施阶段、罚则制度的强度	任务明晰程度、战略共识、学习能力	外界环境的不断变化明显影响管理者的领导行为;环境的不确定性明显影响管理者的学习能力

通过总结这些研究成果可以看出,外界环境的不确定性可分为两个维度:外界环境的复杂性(Environmental Complexity)和外界环境的变动性

(Environmental Variability)。邓肯等人指出,外界环境的复杂性指环境因素既丰富多样且广泛联系,因而很难对其进行分析和预测。[①] 在这种情况下,较大程度的授权和专业化领导以及集中决策机制,有利于应对复杂环境所带来的多种问题。这需要组织更为关注外界环境因素,如潜在趋势、威胁和机会。外界环境的变动性指的是外界环境因素中变动的速率(Dynamism)和数量(Volatility)。快速而且大范围的变化将导致组织预期收益的可信度降低。邓肯等人认为,在动态环境中,组织更为需要获取持续学习的能力以适应变动的环境。在复杂性和变动性两个维度中,邓肯发现,环境的变动性更为显著地影响组织领导者对于环境不确定性的感知。因而,很多研究者主张将变动性作为关键环境变量。[②]

(二)中层管理者领导行为的中介效应

在战略实施过程中,中层管理者的领导行为方式并不是一成不变的。随着外界环境的不断变化,企业战略实施过程中的领导行为也将随之变化。其中,外界环境的不确定性对于全面创新有着至关重要的影响,同时也在很大程度上影响着领导者的行为。

最早对环境变化作出反应的是操作层,如市场营销人员会对市场的变化作出反应,采购人员会对原料价格的变化作出反应,甚至竞争对手和生产方式的变化都会对操作层产生影响。这些"主动性"的反应首先影响着中层管理者的信息综合工作,因为他们处于操作层和高层管理者的联结点。他们的行为导向直接影响操作层和高层管理者对问题的理解。

中层管理者应用任务导向行为的目的是提高组织绩效和实现组织的正式目标。任务导向行为主要包括计划工作活动、阐明角色与目标、监督执行。其中计划工作活动是一个涉及信息处理、分析和决策的理性活动,阐明角色与目标是关于如何实施计划以达成目标的角色建构活动,而监督执行则涉及对工作过程和工作结果的管理和评估。任务导向行为对于完成确定性的组织目标有着较好的支撑作用,适宜于在稳定状态下提高组织绩效。当外界环境较为稳定时,企业的战略过程是以实现战略目标,完成各个阶段或各个环节的计划为特征,表现出战略计划与战略结果的高度一致。当面对不断变化的外界环境时,既定的战略计划往往与现实环境有差异,表现为原来的计划已经不能满足市场的要求;或者因遇到不可克服的困难,原来的战略计划已经难以顺利实施。在

---

① Duncan K, Verbeke A. Proactive Environmental Strategies: A Stakeholder Management Perspective. *Strategic Management Journal*. Vol. 24, 2003.

② Thompson G R, Duncan K. *The External Control of Organizations: A Resource Dependence Perspective*. New York: Harper & Row, 1978.

这个行为层面上,中层管理者对高层管理者的影响,是反映战略实施中遇到的困难,在资源和人力方面需要得到的支持以及管理顺序上的调整等。高管层根据中层管理者提供的情况作出决策,即克服困难继续实施既定的方案,还是对方案进行调整。中层管理者对操作层的影响,就是负责向下属成员解释战略计划,达成共识;同时,分配资源和人力,为战略实施做好物质的准备,以促进组织的适应性。中层管理者的执行角色就是将战略目标进行分解,使之成为个人的行为目标。中层管理者总体控制各种活动朝着组织的战略目标前进。

由此,我们提出假设 H3a:

外部环境的不确定性促进中层管理者任务导向型的领导行为在战略实施过程中的战略修正;外界环境的变化将改变这个过程能力。

在此基础上,进一步假设:

H3aa:外部环境的复杂性促进中层管理者任务导向型的领导行为在战略实施过程中的战略修正;

H3ab:外部环境的变动性促进中层管理者任务导向型的领导行为在战略实施过程中的战略修正。

关系导向行为主要涉及改进关系和帮助下属,增强团队合作能力,提高员工对组织的认同感和满意度。关系导向行为内容主要包括支持、发展和认同。支持是指对下属的需要和情感表现出接受和关心的行为;发展包括提升个人技能、促进工作调整和个人职业发展的领导行为;而认同是指对下属个人能力、对组织的贡献所给予的肯定。关系导向行为对于建立领导者和下属之间融洽和谐的关系具有积极意义。

里根(Reagans)等人通过研究认为,当团队成员的社会网络建立在较强的关系基础之上,就与网络中的其他成员在社会特征、共同经历、实践活动、心理认知方面有着更多的相似性,这种相似性构成了与其他成员交流的基础,该成员的知识更容易在社会关系网络中转移。① 另外,学习的迁移效果理论表明,以往的学习技能和知识影响着后来技能的获得和知识的学习。以往和后来的知识结构越相似,越有可能产生正的转移效果,反之亦然。这种信息传播的便利性,使中层管理者的信息综合角色更加有效。

信息综合角色的加强,促进了中层管理者对操作层的主动性的支持,形成了中层管理者对组织向下的影响力。在关系导向行为的基础上,外部环境的信息、在操作层形成的"主动性"以及对既定战略的理解等,在团队上下传递。同时,中层管理者的"跨界"活动,促成这些知识在水平的不同部门间的传播,比较

---

① Reagans A, Bell G. Benefiting from Network Position: Firm Capabilities, Structural Holes, and Performance. *Strategic Management Journal*. Vol. 26, 2005.

容易将模糊的、分散的数据综合起来，使人比较清楚地了解战略的“处境”，展示出其他管理人员对战略的认知和改变战略的路径。在这个过程中，也会改变高层管理人员的思考路径。这样，既定的战略计划会得到修正。

由此可见，外界环境的变化影响了中层管理者的活动方式和各种角色的行为方式，并由此影响了战略过程。

由此，我们提出假设 H3b：

外部环境的不确定性促进中层管理者关系导向型的领导行为在战略实施过程中的战略修正；外界环境的变化将改变这个过程能力。

在此基础上，进一步假设：

H3ba：外部环境的复杂性促进中层管理者关系导向型的领导行为在战略实施过程中的战略修正；

H3bb：外部环境的变动性促进中层管理者关系导向型的领导行为在战略实施过程中的战略修正。

变革导向行为主要涉及鼓励员工创新、强调外界环境变化的影响力、在组织内作出重大变革和对于这些变革的支持。毋庸置疑，当外界环境竞争激烈、不确定性较强时，领导者往往多应用变革导向行为以激励员工创新，从而推动组织创新式的战略实施过程。

根据伯格曼的组织生态理论可知，在内部环境选择中，战略变化是在操作层产生的各种各样的“主动性”中形成的。这种“主动性”是对外界环境的作用力作出的反应。① 中层管理者在总结组织内外部环境变化的基础上，选择自己的行为方式。选择变革导向型的行为方式，就是要求中层管理者以变革的姿态审视市场、价格、购买力等方面的信息，变革内部环境，要求内部选择确定的“价值”与外部细分市场所选择的“价值”匹配，这才是选择适宜的战略行为的关键。当外界环境发生变化时，中层管理者要先认识到变化的重要性，然后再开始变革。中层管理者的作用就像缓冲器，对来自操作层的变革主动性和高管层的监督起缓冲作用，并为改变正式战略而提出的方案提供资源和保护。当时机成熟时，中层管理者就会将这些主动性反映给上层管理者；如果得到批准，这些建议就会成为新能力的“种子”。

由此可见，外界环境发生变化首先影响的是中层管理者行为方式的选择。变革导向型行为模式将内部环境选择和外部环境选择的不平衡性、内部各种“主动性”的不一致，作为变革的契机和理由，以发挥中层管理者的位置优势和角色作用，从而对上对下施加影响。通过对操作层“主动性”的支持，对各种信

---

① Burgelman R A. A Process Model of Internal Corporate Venturing in the Diversified Major Firm. *Administrative Science Quarterly*. Vol. 28, 1983.

息的综合以及对跨界活动施加影响，中层管理者将这些“主动性”向上送达高管层；同时，向下推送修正战略，使各项组织活动协调一致，推动了这种“主动性”向前发展，进而推动战略的修正过程。

是否选择变革导向型行为模式，主动性是否被采纳和组织绩效是否得到提高，取决于它们是否与外界环境选择的价值观相一致。伯格曼认为，外界环境选择是战略改变是否有经济价值的“最终裁决人”。所以，对企业组织来说，外界环境是一个自由的变量。

由此，我们提出假设 H3c：

外部环境的不确定性促进中层管理者变革导向型的领导行为在战略实施过程中的战略修正；外界环境的变化将改变这个过程能力。

在此基础上，进一步假设：

H3ca：外部环境的复杂性促进中层管理者变革导向型的领导行为在战略实施过程中的战略修正；

H3cb：外部环境的变动性促进中层管理者变革导向型的领导行为在战略实施过程中的战略修正。

外界环境越复杂，即外界环境的不确定性越高，越需要激励创新、主动适应环境的领导行为模式。在这种情况下，组织的任何完美的战略计划都会随着外界环境的变化而变得“不适应”。为了使组织成员完成“有效地追求目标”的各类行动，中层管理人员不但要自己进行探索活动，而且还要促进组织成员的主动性活动，进行大量以授权、反思为活动逻辑的行为。中层管理者的三类领导行为特征在战略实施过程中可以共同呈现，只是呈现得水平不同而已。这些行为共同起作用，完成组织对环境的适应过程。其概念模型如图 3-2 所示。

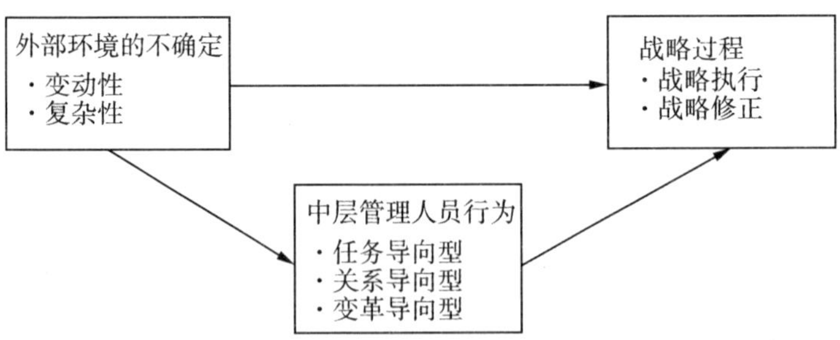

图 3-2　外部环境不确定性作用的概念模型

三、研究方法与实证设计

(一)样本研究

本部分的研究是在第二章的研究基础上进行的,其样本的人口统计学特征和分布如表 2-13 至表 2-19 所示。这部分的研究是对第二章研究的扩展和丰富,是加入外界环境变量的情况下,验证中层管理者在战略实施过程中的行为以及对战略修正的影响。

(二)变量测量

1. 自变量

在最初设计问卷时,原计划以变动性为主的前提下,分别测量变动性与复杂性(具体测量项目如表 3-2 所示)。在随后的小规模测试中发现,被测对象普遍困惑于复杂性测量项目的绕口表述,给准确回答问题带来一定困难。因此,本研究采用双向翻译的方法,一方面面对在校研究生发放调查问卷,另一方面参考外文文献,并对两者作一致性检验,最终确定本研究使用的问卷项目,以两者的累加分反映该组织外部环境的复杂性。

表 3-2　　组织外部环境的不确定性

<table>
<tr><th colspan="2">构思变量</th><th>测量项目</th><th>来源</th></tr>
<tr><td rowspan="5">外界环境的不确定性</td><td rowspan="3">变动性</td><td>企业外部环境中的事件和任务变动迅速</td><td rowspan="5">Duncan, 1972; Dess & Beard, 1984; Milliken, 1987</td></tr>
<tr><td>企业外部环境中的趋势走向变动频繁</td></tr>
<tr><td>外部环境中各种结果都有可能出现</td></tr>
<tr><td rowspan="2">复杂性</td><td>企业外部环境非常复杂,以至于很难自信地预计外界环境的趋势走向</td></tr>
<tr><td>企业外部环境非常复杂,以至于很难获取足够的外部环境信息</td></tr>
</table>

2. 中介变量

中介变量包括中层管理者领导行为的三个维度:任务导向型、关系导向型、变革导向型。在上一个研究中,这三个变量是作为自变量影响战略修正过程;在此研究中,它们将作为中介变量。这是因为,管理者应当善于根据外界环境的变化,及时改变自己的行为,使自己领导的各项战略活动达到好的效果。

针对任务导向型行为的题目采用的是李克特的五点量表进行测量。其中,

1 代表“完全不同意”，2 代表“不同意”，3 代表“态度中立”，4 代表“同意”，5 代表“完全同意”。运用该量表收集的数据具有很好的汇聚效度和内部一致性，一致性系数 α 为 0.784。

针对关系导向型行为中的各项测量项目，应用的是相关分析法(correlation analysis)分析，并遵照内部一致性准则法(criterion of internal consistency)。其中，“指导员工如何识别他人的需求和能力”一致性得分较低(与总分相对值只有 19.7%)，在以后的运算中删除此项。本研究仍然采用五点量表法，一致性系数为 0.808。

变革导向型行为的测量项目也采用五点量表法，并应用相关分析法和内部一致性准则法进行分析，符合要求。其一致性系数为 0.745。具体如表 3-3 所示。

表 3-3　领导行为的三个维度

变量	要素	α 值	因子载荷
任务导向型	要求下属规划工作以提高效率	0.784	0.857
	提出明确的工作要求		0.796
	经常提出质量和效率的重要性		0.613
	经常给大家树立较高的效率标准		0.845
关系导向型	关心并尊重下属	0.808	0.840
	尊重别人的观点、意见和建议		0.758
	常常适当地授权		0.732
	注重人际交往，建立良好的关系		0.857
变革导向型	致力于追求企业的发展	0.745	0.808
	鼓励员工在工作中学习		0.632
	常常向大家阐述未来的规划		0.783
	鼓励员工用不同的方式看待问题		0.808

3. 因变量

弗洛伊德等人利用社会逻辑的研究方法，认为中层管理者是行动的主体，是从事战略活动的具有各种行动逻辑的主体。其研究显示了中层管理者的“社会逻辑怎样转化成战略管理过程”①。战略的修正过程和战略执行过程是两种

① Floyd S W & Lane P J. Strategizing Throughout the Organization: Managing Role Conflict in Strategic Renewal. *Academy of Management Review*. Vol. 25, 2000.

相互依赖的模式，而这两种模式，特别是战略修正模式，主要是通过中层管理者的活动而展开的。

表 3-4　　战略修正项目及检验

变量	要素	α值	因子载荷
战略修正	战略目标（或计划）需要修正，有新的机会或风险	0.759	0.854
	对战略的变化我们有足够的资源和能力		0.640
	在综合信息的基础上获得新的方案		0.814
	原来的方案得到改变		0.784

通过测量，因变量"战略修正"的一致性系数 α 为 0.759，满足高于 0.7 的最低标准，说明测量具备可接受的信度。"战略修正"变量的 4 个要素的测量值的载荷值最低为 0.640，大于 0.6 的最低标准，说明具备可接受的效度。

（三）研究方法

中介效应（如图 3-3 所示）的检验采用了巴伦（Baron）和肯尼（Kenny）的中介作用检验程序，并重复使用多元线性回归来检验这种效应。

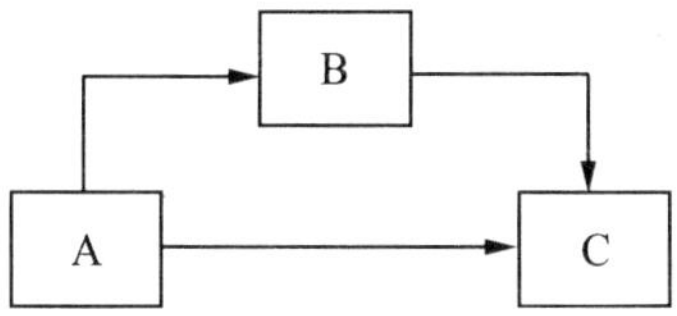

图 3-3　中介效应示意图

具体做法为：

第一步，检验自变量（A）和因变量（C）是否存在直接和显著的相关关系；如果存在某种直接的和显著的相关关系，则进行第二步检验。

第二步，检验自变量（A）和中介变量（B）的相关关系、中介变量（B）与因变量（C）的相关关系。如果存在直接的和显著的相关关系，则进行第三步检验。

第三步，将中介变量（B）加入到回归方程中进行检验。如果中介变量（B）加入回归方程后，自变量（A）和因变量（C）之间的相关关系不再具有显著性，或显著性减弱了，则说明自变量（A）也可以通过中介变量（B）影响因变量（C），从而说明中介效应成立。

四、数据处理与假设检验

（一）相关性矩阵

本书中相关分析的目的是检验任意两个变量之间的相关程度。如果两个变量之间的相关性太高，则说明两个变量独立性差，不能成为两个独立的变量。一般认为，当两个变量的相关系数大于 0.70 时，就说明这两个变量过于趋同，不能用来进行统计分析。这时，可以考察这两个变量的平均方差提取值的开平方值，将其与相关系数进行比较。如果该值大于相关系数，仍然可以认为二者具有合适的区分度。

从数据组的均值、标准差、峰度、偏度可以判断出，各变量的数据达到正态分布的要求。由相关性分析可以看出，大多数变量设置的区分度能够满足要求，如表 3-5 所示。

表 3-5　　变量的相关性检验

变量	均值	标准差	1	2	3	4	5	6	7	8	9	10	11	12
1. 战略修正	3.392	0.682	1											
2. 任务导向型	3.182	0.795	0.419**	1										
3. 关系导向型	3.132	0.860	0.328**	0.432**	1									
4. 变革导向型	2.040	0.052	0.395**	0.301**	0.324**	1								
5. 环境变动性	1.890	0.912	−0.098	−0.046	0.415**	0.387**	1							
6. 环境复杂性	2.033	1.462	−0.058	0.098	0.135	−0.147	0.013	1						
7. 受教育水平	2.193	1.112	−0.034	−0.013	−0.078	−0.067	0.013	−0.057	1					
8. 年龄	2.981	1.261	0.139	−0.137	−0.034	0.345*	0.034	−0.036	−0.102	1				
9. 工作年龄	3.142	1.532	−0.059	0.049	−0.025	0.105	−0.202*	0.032	0.032	0.423**	1			
10. 公司年龄	2.875	1.280	−0.131	0.157*	0.068	0.064	−0.099	0.012	0.087	−0.098	0.076	1		
11. 公司规模	3.887	0.496	−0.107	−0.323**	−0.132	−0.112	−0.221*	0.023	0.034	0.354**	0.067	0.154	1	
12. 所有制形式	3.999	1.180	0.331**	0.131	−0.105	−0.034	0.076	−0.015	−0.054	−0.109	0.076	0.034	0.114	1

注：2-tailed test；* $p<0.05$；** $p<0.01$。

（二）外界环境影响作用的检验

1. 环境变动性的影响

第一步：检验自变量和因变量的相关关系。

表 3-6　　　　环境变动性——战略修正相关关系检验

变量	因变量：战略修正	
	模型 1	模型 2
常量		
控制变量		
受教育程度	0.243	0.143
入职年限	－0.063	0.108
年龄	－0.134	－0.089
公司年龄	0.354	0.113
公司规模	－0.053	0.015
所有制形式	0.553**	0.023
自变量		
环境变动性		0.398**
F	3.873**	5.435**
R^2	0.232	0.361
Adjusted R^2	0.119	0.120

注：* $p<0.05$；** $p<0.01$；*** $p<0.001$；标准化回归系数。

从检验结果可以看出，环境的变动性与战略修正具有明显的相关性，于是进行第二步检验。

第二步：检验中介变量和自变量的相关关系、中介变量和因变量的相关关系。分别将中层管理者的“任务导向型”“关系导向型”“变革导向型”领导行为变量与自变量“外界环境的变动性”带入模型，检验它们的相关关系。将任务导向型、关系导向型、变革导向型三个领导行为的基本特征分别代入回归模型进行检验。具体如表 3-7、表 3-8、表 3-9、表 3-10 所示。

表 3-7　　任务导向型——环境变动性相关关系检验

变量	因变量:环境的变动性	
	模型 1	模型 2
常量		
控制变量		
受教育程度	0.234	0.015
入职年限	0.103	0.145
年龄	0.123	−0.020
公司年龄	−0.354	0.238**
公司规模	−0.053	0.024
所有制形式	0.204	−0.002
自变量		
任务导向型		0.045
F	4.873**	8.976**
R^2	0.354	0.487
Adjusted R^2	0.276	0.265

注：* $p<0.05$；** $p<0.01$；*** $p<0.001$；标准化回归系数；下同，省略。

表 3-8　　关系导向型——环境变动性相关关系检验

变量	因变量:环境的变动性	
	模型 1	模型 2
常量		
控制变量		
受教育程度	0.234	−0.032
入职年限	0.103	0.125
年龄	0.123	−0.067
公司年龄	−0.354	0.209
公司规模	−0.053	0.065
所有制形式	0.204	−0.109

续表

变量	因变量:环境的变动性	
	模型 1	模型 2
自变量		
关系导向型		0.309**
F	4.873**	6.325**
R^2	0.354	0.465
Adjusted R^2	0.276	0.274

表 3-9　　变革导向型——环境变动性相关关系检验

变量	因变量:环境的变动性	
	模型 1	模型 2
常量		
控制变量		
受教育程度	0.234	0.143
入职年限	0.103	0.108
年龄	0.123	−0.089
公司年龄	−0.354	0.113
公司规模	−0.053	0.015
所有制形式	0.204	0.023
自变量		
变革导向型		0.398**
F	4.873**	7.521**
R^2	0.354	0.432
Adjusted R^2	0.276	0.187

表 3-10　　自变量与因变量的回归结果

变量	因变量:战略修正			
	模型 1	模型 2	模型 3	模型 4
常量				
控制变量				
受教育程度	0.243	0.038	0.039	0.056
入职年限	−0.063	0.084	0.062	0.062
年龄	−0.134	−0.081	−0.101	−0.087
公司年龄	0.354	0.073	0.078	0.134
公司规模	−0.053	0.038	−0.055	−0.062
所有制形式	0.553**	0.083	0.082	0.068
自变量				
任务导向型		0.386**		
关系导向型		0.	0.213*	
变革导向型				0.214*
F	3.873**	5.435**	5.756**	6.819**
R^2	0.232	0.361	0.312	0.103
Adjusted R^2	0.119	0.210	0.297	0.085

回归结果表明,任务导向型领导行为变量与环境变动性的相关性不明显,这说明任务导向型领导行为对环境变动性与战略修正的中介作用不明显,在以下的检验过程中不再检验。

第三步:分别将关系导向型、变革导向型变量加入到模型中,对环境变动性与战略修正的相关性进行检验。具体如表 3-11、表 3-12 所示。

表 3-11　　加入中介变量后的关系导向型的检验结果

变量	因变量:战略修正	
	模型 1	模型 2
常量		
控制变量		
受教育程度	0.243	−0.105

续表

变量	因变量:战略修正	
	模型 1	模型 2
入职年限	−0.063	0.098
年龄	−0.134	−0.024
公司年龄	0.354	0.132
公司规模	−0.053	−0.024
所有制形式	0.853**	−0.096
自变量		
关系导向型		0.198*
环境的变动性		0.045
F	4.873**	7.534**
R^2	0.232	0.261
Adjusted R^2	0.119	0.109

表 3-12　　加入中介变量后的变革导向型的检验结果

变量	因变量:战略修正	
	模型 1	模型 2
常量		
控制变量		
受教育程度	0.243	−0.015
入职年限	−0.063	0.145
年龄	−0.134	−0.020
公司年龄	0.354	0.238
公司规模	−0.053	−0.024
所有制形式	0.853**	0.002*
自变量		
变革导向型		0.179*
环境的变动性		0.032

续表

变量	因变量:战略修正	
	模型 1	模型 2
F	4.873**	8.435**
R^2	0.232	0.361
Adjusted R^2	0.119	0.113

统计结果表明,关系导向型和变革导向型的领导行为对环境变动性与战略修正的正相关关系具有中介作用。可以断定,当环境的变动性增加时,中层管理者需要加强关系导向型和变革导向型的行为方式,引导战略实施过程中的一切活动,向着适应环境变化的方向修正战略。

2. 环境复杂性的影响

第一步:检验自变量和因变量的相关关系。将环境复杂性带入以战略修正为因变量的模型进行检验。具体如表 3-13 所示。

表 3-13　　环境复杂性——战略修正相关关系检验

变量	因变量:战略修正	
	模型 1	模型 2
常量		
控制变量		
受教育程度	0.243	0.136
入职年限	−0.063	0.098
年龄	−0.134	−0.127
公司年龄	0.354	0.079
公司规模	−0.053	0.034
所有制形式	0.553**	0.075
自变量		
环境复杂性		0.304**
F	3.873**	6.358**
R^2	0.232	0.297
Adjusted R^2	0.119	0.109

从检验结果可以看出，环境复杂性与战略修正具有明显的相关性，可以进行第二步检验。

第二步：检验中介变量和自变量的相关关系、中介变量和因变量的相关关系。分别将中层管理者的任务导向型、关系导向型、变革导向型领导行为变量与自变量“外界环境的复杂性”带入模型，检验它们的相关关系；将任务导向型、关系导向型、变革导向型三个领导行为的基本特征分别代入回归模型进行检验。具体如表 3-14、表 3-15、表 3-16、表 3-17 所示。

表 3-14　　任务导向型——环境复杂性相关关系检验

变量	因变量：环境的复杂性	
	模型 1	模型 2
常量		
控制变量		
受教育程度	0.234	0.043
入职年限	0.103	0.164
年龄	0.123	−0.032
公司年龄	−0.354	0.109**
公司规模	−0.053	0.051
所有制形式	0.204	−0.013
自变量		
任务导向型		0.208**
F	4.873**	6.834**
R^2	0.354	0.436
Adjusted R^2	0.276	0.243

表 3-15　　关系导向型——环境复杂性相关关系检验

变量	因变量：环境的复杂性	
	模型 1	模型 2
常量		
控制变量		
受教育程度	0.234	−0.065

续表

变量	因变量:环境的复杂性	
	模型 1	模型 2
入职年限	0.103	0.098
年龄	0.123	−0.143
公司年龄	−0.354	0.219
公司规模	−0.053	0.070
所有制形式	0.204	−0.117
自变量		
关系导向型		0.280**
F	4.873**	6.876**
R^2	0.354	0.354
Adjusted R^2	0.276	0.213

表 3-16　　　　变革导向型——环境复杂性相关关系检验

变量	因变量:环境的复杂性	
	模型 1	模型 2
常量		
控制变量		
受教育程度	0.234	0.126
入职年限	0.103	0.076
年龄	0.123	−0.084
公司年龄	−0.354	0.103
公司规模	−0.053	0.002
所有制形式	0.204	0.103
自变量		
变革导向型		0.308**

续表

变量	因变量:环境的复杂性	
	模型 1	模型 2
F	4.873**	6.152**
R^2	0.354	0.376
Adjusted R^2	0.276	0.157

表 3-17　　　　自变量与因变量的回归结果

变量	因变量:战略修正			
	模型 1	模型 2	模型 3	模型 4
常量				
控制变量				
受教育程度	0.243	0.038	0.039	0.056
入职年限	−0.063	0.084	0.062	0.062
年龄	−0.134	−0.081	−0.101	−0.087
公司年龄	0.354	0.073	0.078	0.134
公司规模	−0.053	0.038	−0.055	−0.062
所有制形式	0.553**	0.083	0.082	0.068
自变量				
任务导向型		0.386**		
关系导向型		0.	0.213*	
变革导向型				0.214*
F	3.873**	5.435**	5.756**	6.819**
R^2	0.232	0.361	0.312	0.103
Adjusted R^2	0.119	0.210	0.297	0.085

由以上结果可以说明,任务导向型、关系导向型、变革导向型领导行为变量与环境复杂性都具有明显的相关性。同时进入下一步检验。

第三步:分别将任务导向型、关系导向型、变革导向型变量加入到模型中,对环境复杂性与因变量战略修正的相关性进行检验。具体如表 3-18、表 3-19、表 3-20 所示。

表 3-18　　加入中介变量后的任务导向型的检验结果

变量	因变量:战略修正	
	模型 1	模型 2
常量		
控制变量		
受教育程度	0.243	−0.098
入职年限	−0.063	0.056
年龄	−0.134	−0.057
公司年龄	0.354	0.143
公司规模	−0.053	−0.032
所有制形式	0.853**	−0.089
自变量		
任务导向型		0.356*
环境的复杂性		0.095
F	4.873**	6.735**
R^2	0.232	0.358
Adjusted R^2	0.119	0.173

表 3-19　　加入中介变量后的关系导向型的检验结果

变量	因变量:战略修正	
	模型 1	模型 2
常量		
控制变量		
受教育程度	0.243	−0.247
入职年限	−0.063	0.057
年龄	−0.134	−0.165
公司年龄	0.354	0.043
公司规模	−0.053	−0.068
所有制形式	0.853**	−0.148
自变量		
关系导向型		0.437*

续表

变量	因变量:战略修正	
	模型 1	模型 2
环境的复杂性		0.096
F	4.873**	6.534**
R^2	0.232	0.483
Adjusted R^2	0.119	0.219

表 3-20 加入中介变量后的变革导向型的检验结果

变量	因变量:战略修正	
	模型 1	模型 2
常量		
控制变量		
受教育程度	0.243	−0.034
入职年限	−0.063	0.163
年龄	−0.134	−0.076
公司年龄	0.354	0.228
公司规模	−0.053	−0.094
所有制形式	0.853**	0.543*
自变量		
变革导向型		0.253*
环境的复杂性		0.069
F	4.873**	8.435**
R^2	0.232	0.361
Adjusted R^2	0.119	0.113

统计结果显示,加入任务导向型、关系导向型和变革导向型中介变量后,环境复杂性与战略修正的正相关关系都不明显,说明这三个变量对环境复杂性与战略修正的相关性具有中介作用。可以断定,当环境的复杂性增加时,中层管

理者需要加强任务导向型、关系导向型和变革导向型的行为方式，在战略实施过程中引导一切活动，向着适应环境变化的方向修正战略。

五、结果讨论

根据分析结果可以得出如下结论：

第一，外界环境的变化对战略的实施过程具有重大的影响，它的变动性和复杂性的增加，会强化战略修正过程。在实践中，外界环境的变动性使既定的战略计划部分或者全部失去“适应性”。要使企业达到发展目标，获得竞争能力，必须在战略实施的过程中对既定的战略计划进行修订，并组织实施。这从组织行为的观点验证了科特尔(Kotter)关于外界环境的影响模型，即外界环境的不确定性越高，越需要激励创新的领导模式。在传统制造业如炼油、机械加工等行业中，企业面临的环境变化大多只是产量的变化，在战略计划实施的过程中，计划修正的幅度就不会很大；而在 IT 行业中，新产品(服务)、新技术、新材料等发展日新月异，竞争对手层出不穷，竞争日益激烈，所有这些都决定了 IT 行业是目前外界环境复杂性最高的行业，因此每个公司都应紧紧跟踪环境的变化，随时调整产品(服务)的发展方向，也即调整战略计划。

第二，中层管理者的领导行为在适应环境变化、进行战略修正的过程中具有中介变量的作用。根据数据统计结果可知，当环境的变动性增加时，关系导向型领导模式和变革导向型领导模式在战略修正过程中具有中介作用。当环境的复杂性增加时，中层管理者的任务导向型、关系导向型和变革导向型领导行为在战略修正过程中同时具有中介作用。由此可见，当企业环境发生变化时，中层管理者需要改变自己的领导行为，并通过一系列活动改变战略计划，以达到组织的目标。

在实践活动中，根据研究结果给出以下建议：

第一，在战略实施过程中，中层管理者是促成战略计划与环境“相适应”的重要因素。从研究数据可以看出，在适应环境变化的过程中，中层管理者通过合适的领导行为对战略计划进行修正。因此，企业组织应该重视对中层管理人员的培养、选拔，并根据不同的岗位甄选、任用合适的中层管理人员。

第二，中层管理者是最接近市场和操作层的管理人员，也就是说，战略实施过程中遇到的问题，最先是由中层管理人员感知到的，应对方案和解决办法的萌芽也多出自他们中间或领导的团队中。因此，企业组织的高层管理者应当支持中层管理者及其下属发挥积极主动性、创造性。

针对本章内容，今后还需要进一步深入研究的内容包括：

第一，中层管理者的领导行为如何在部门中影响各种战略活动，这是提高团队效率的重要问题。只有将管理者的观念真正内化到成员心中，才能真正转化为实实在在的生产能力。

第二，中层管理者的领导行为与高层管理者的沟通渠道和作用方式是战略修正得以实现的重要环节。在企业组织中存在着正式的沟通渠道，也需要有非正式的沟通渠道。它们的相互作用及作用方式还需要进一步探讨。

本章主要探讨了外界环境对中层管理人员领导模式的影响。在战略实施中的各种具体的活动，如动员会议、媒体宣传、奖惩措施等，其作用不仅表现在员工行为的改变上，而且还会影响其劳动观念和劳动动机。对此，需要采用新的方法进行研究。

第四章 战略计划对中层管理人员行为的影响

企业的战略受到环境的制约，这样就会引发战略过程的不同。第三章论证了外界环境对战略过程的影响，本章从战略计划的角度探讨战略修正的影响机理。战略修正是在战略过程中对既定战略计划的修改。既定的战略计划会对中层管理者的各种活动产生正面的或者负面的影响，以至于影响到企业的战略实施过程。

一、组织内部环境对中层管理人员战略行为的影响

组织内部的各种制度安排和角色组合构成了组织的内部环境。在莱恩(Lane)的战略角色模型中，中层管理者所扮演的角色在现在的市场条件下发挥着作用。[①] 当市场需要重新定义组织的竞争能力时，中层管理者往往发挥出角色功能，指导其下属成员在实践活动中创新，并获得高层管理者的认同和支持。在需要应用组织现有的竞争能力时，中层管理者的角色定位不是支持新的思想，而是执行既定的战略，其下属成员的角色定位亦是坚决地执行既定战略。这种一致性的模型获得了很多学者的证明。防御型的组织高度强调自上而下的战略执行，以保持市场地位；而在探索型的组织中，更依赖于自下而上的创新，以开拓新的市场。

---

① Lane B. Social Structure and Competition in Inter-firm Net-works: The Paradox of Embeddedness. *Administrative Science Quarterly*. Vol. 42, 1997.

（一）自上而下的影响

1. 对执行既定战略的影响

战略实施事实上是从上到下的，一般由以下步骤组成：(1)向下属宣传战略计划；(2)探讨和提出自上而下的目标以及战略指导路线。战略计划的顺利实施是中层管理者在战略环境中最重要的愿望，当然也是现在研究最多的内容之一。其中，有四种授权的情况与这种情况相关。

第一，当自上而下的目标构成一种持续性的工作时，战略计划及其目标就会对中层管理者有正面的影响。在创建这种"持续性"的过程中，一项重要的活动就是高层管理者阐述战略的构思过程，这带来了战略目标的"程序化"。这项活动一般由与战略计划有关的各种文件表现出来。这项活动能够帮助中层管理者认识到现在的战略目标与原来的目标有什么联系。事实上，当中层管理者不能确定每天的工作是否与战略实现有关的时候，就形成了与战略实施有关的认识上的"障碍"。例如，一个公司部门的管理人员说，他们公司的高管层"超智慧"，战略方案根本就没有得到中层管理人员的论证。之所以缺乏透明度，是因为他们公司的中层管理人员没有参加战略讨论。因此，当高层管理者阐述现在的战略与过去战略的关系时，中层管理者需要经历重要的"授权"活动，这样才能够形成可操作的管理模式，进而履行战略实施中的角色。

第二，当战略计划实施的程序包含着自上而下的明确的目标时，它对中层管理人员也有正面的影响。定义明确的战略目标能为中层管理者提供工作重点，并支持其相关的决策。战略成为中层管理者完成日常工作的实用工具。

第三，如果自上而下的战略目标有充足的资源作基础，它的实施程序对中层管理者有正面的影响。一个跨国通信公司的发展部经理夸耀他们的高层，说在实施授权任务时，高层给予了很多训练的机会和资源作支持。可以说，资源配置与自上而下的目标相协调，代表高层管理人员提供了充足的资源。

第四，从中层管理者的角度来看，与自上而下的目标相匹配的资源配置标志着高管层的承诺。高管层战略实施的承诺也可以描述为"尊重"，这很少甚至根本不需要花费任何资源。如果高管层每天对所要解决的问题表现出尊重和负责任的态度，或者开展有实际意义的战略活动，则战略实施的程序对中层管理者有正面的影响。这样，中层管理者会感觉每天的工作是有意义和有价值的。

尊重是以不同社会群体之间的"相互依赖"为基础的。尊重的氛围需要通过相互交流来实现，具体表现为高层管理者尊重中层管理者和他的团队的能力，而中层管理者尊重高层管理者的战略工作。

2. 对促进适应性活动的影响

伍尔德里奇等人认为，中层管理者促进"适应性"的角色，本质上是自上而下展开的，特别是在战略实施的过程中。在它的范畴中，中层管理者希望在自己的职责范围内丰富自己的经验和实现自我发展。中层管理者的这种愿望被工作活动的目的所取代，即要适应变化的环境。

与促进"适应性"有关的战略程序和目标对中层管理者的行为有潜在的促进作用，这来自高管层的信任。他们需要高管层清晰的指示，需要高管层认可他们付出的努力。如果感受不到这种"信任"，中层管理者又会回到原来的习惯活动中去。特别是，在害怕失败进而受到惩罚的心理暗示下，中层管理人员就限制了他们自身的活动。

战略计划的实施程序也可能对中层管理者的适应性角色有促进作用，因为工作中的自由创造性有助于产生创新的理念。例如，有的管理者对自己的角色很满意，就表现出较强的创造性理念，或者为自己分外的工作也有较强的责任心。

总之，战略计划的目标对中层管理者的"适应性"角色的影响有多少，取决于组织能否促使管理者建立起为战略服务的责任感。但是，为了尝试一项新的工作而将自己置身于孤立无援的境地时，管理者最需要的是力量和承诺，还有实实在在的安全感。

（二）自下而上的影响

1. 对综合信息活动的影响

中层管理者积极地收集各种关于组织战略的信息，并将这些信息进行提取处理，最终呈送到高层管理者那里。这既是一种由下向上的活动，也是一种"集成"活动。中层管理者就像一个"不确定性吸收器"，他们的声誉依赖于对环境研究判断的稳定性和有效性。

与综合信息有关的战略计划程序对中层管理者的影响，在某种程度上与战略计划执行的影响方式不同，战略计划的影响表现在激发持续性的进步意识。当中层管理者向高层管理者提供了管理信息并想以此作为战略决策的基础，但是反馈的信息却显示，自上而下的战略计划却是依据过去的经验作出的，这就会对中层管理者的积极性产生负面影响。

2. 对支持"主动性"活动的影响

支持新的理念是中层管理者鼓励自下而上产生新理念的过程，这包括修正当前的战略内容，是一项战略修正的活动。这些活动主要是影响将来，既影响个人也影响社会组织。对个人来说，如果战略计划与自己的努力方向一致，就会取得很大的成就；对组织来说，通过建立一个总的目标，将各种个人计划糅合在一起，有利于实现目标的一致性。

中层管理者参与战略的制定过程，有助于创新活动的顺利进行，所以应该将中层管理者的支持活动包含到战略执行的过程中。当高层管理者邀请或者希望中层管理者参与战略的制定过程时，中层管理者就会对将来有更大的把握。

二、战略流程对中层管理人员战略行为的影响

（一）战略计划的特征

各个组织有关战略过程的文件是不同的，有些是一般的战略计划，没有详细说明如何执行计划；有些则具有非常详细的实施计划和过程进度表。邓肯等人在分析有关组织创新的战略影响因素时认为，在通常情况下，文件中不会清楚地列明计划是自下而上还是自上而下制定的，这被认为是战略计划的一个重要特点。同时，组织中的各种文件本身具有被动性，其中仅仅列明哪些人应该参与哪些过程，用这些文件来评估计划的差异性显然是不合理的。表 4-1 是关于战略过程方面的部分研究成果的汇总。

表 4-1　　战略过程方面的部分研究成果

研究者	研究内容
Burgelman (1994)	从战略的执行性文件和指导性文件方面研究企业制度对战略活动的影响；执行性文件对任务的完成具有重要作用，指导性文件则对市场的适应性有正向的影响
Frese & Fay (2001)	内部环境包括组织制定的战略程序、计划进度和指导性文件，这些文件的制定和执行导致了战略实施过程的差异性
Dutton &Duncan (1987)	在描述战略的过程时，文件可以是程式化的和非程式化的，这些都描述了战略实施过程的不同
Petri Aaltonen (1994)	文件规定的程式化程度与科研创新能力有一定的正相关关系，一方面加强了协调性，另一方面给予了研究者一定的压力
Floyd & Lane (2000)	战略文件的程序化程度与前沿创新性研究战略的修正具有正相关关系，和计划强度具有一定的负相关关系

续表

研究者	研究内容
Miller & Droge (1986)	任务的完整性和计划强度与员工压力有一定的关系，任务完整性和计划强度与员工压力有负相关关系
Westley (1991)	员工参与战略计划的制订过程，有助于战略实施过程的修正，且对目标的描述具有促进作用
Mantere(2008)	中层管理者参与计划有助于创新活动的展开，有利于战略修正活动的有效性
Sennett (2003)	尊重和信任的气氛是战略实施过程的重要因素
Chia & Holt (2006)	战略文件中包含明确的目标、程序；如果定义明确，就会为中层管理者提供战略活动的依据，并支持其日常工作
Floyd & Wooldridge (1992)	企业目标与中层管理者的自我发展目标的一致性，有助于企业总体目标的实现；中层管理者希望在自己的职责范围内实现自我发展
Whittington & Jarzabkowski (2003)	战略目标如果有充足的资源配置作基础，它的实施程序对中层管理者有积极的影响，有利于促成战略目标的实现

根据弗洛伊德等人关于战略修正与中层管理者活动关系的研究成果，本书选取战略计划的程式化程度和计划强度作为特征变量，如表 4-2 所示。

表 4-2　　战略计划特征

变量		内容
战略计划	程式化程度	公司中战略计划的每一步都写得很清楚，而且都有考核标准
	计划强度	公司的文献中随处可见战略计划

计划程式是指组织制定的战略程序、计划进度和指导性文件。阿尔托宁(Altonen)在研究组织的科研创新能力时，采用“程式化程度”这个概念。他认为，在程式化和非程式化之间有“中间地带”，可以用李克特的五点量表的方式描述出来。[①]

同时，邓肯认为，正式的战略流程的另一个有意义的特征是计划强度，是指

① Altonen U, Kogut B. Knowledge and the Speed of the Transfer and Imitation of Organizational Capabilities: An Empirical Test. *Organization Science*. Vol. 6, 1995.

在计划期内某项活动计划在文件中出现的频率。一个过程被认为是“高计划强度”的，是指在战略计划实施过程中会经常发布一些相关文件对此进行描述，或者在日常管理文件中提到甚至强调战略计划的相关问题；如果是“低计划强度”的，则很少有描述甚至没有描述。海尼（Heini）在研究管理政策环境对员工绩效的影响时，同时应用了程式化程度和计划强度的概念，并分别用李克特的五点量表的方式描述出来。这种描述方法也逐渐被用来研究公司绩效、个人绩效和员工压力等。

（二）概念模型和提出假设

中层管理者的管理行为除了受到企业制度网络、文化体系等制约外，还受到团队结构、团队发展和任务的现实性和紧迫性的影响。这是由企业中层管理者所领导的团队所处的位置决定的。他们需要接受高层管理人员下达的指令，并受到高层领导行为的影响。对于具体企业而言，组织的结构形式都以其固有的方式存在着，因此，在这个过程中，我们只考虑战略计划对中层管理者的领导行为的影响。

正式的、既定的战略过程为我们提供了与其他战略过程可比较的结构性研究途径。根据结构化理论，正式的战略过程可以理解为结构化的，它表现出了结构化社会体系的基本特点。巴利（Barley）认为，结构化的研究，就是弄清楚制度领域和行动领域是如何相互作用的。① 反复使用结构化理论对战略的微观结构和过程进行分析可以看出，与战略计划有关的各种文件构成了中层管理人员的行动结构，它们之间的相互作用就是中层管理人员的行动逻辑。

1. 战略实施流程对任务导向型行为的影响

战略实施流程对组织的战略活动起到规定和指导的作用。除了有正式的战略实施计划外，战略实施流程还会在各种指导性和规章性的组织文件中体现出来，如近期工作指导、绩效考核等文件。

之前我们已经介绍过程式化程度的概念。程式化程度高的计划流程首先能够将自上而下的目标转化为一种持续性的工作，能够帮助中层管理者认识到现在的战略目标与原来的目标有什么联系，他们能够由此形成重要的管理模

---

① Barley S R & Tolbert P S. Institutionalization and Structuration: Studying the Links between Action and Institution. *Organization Studies*. Vol. 18, 1997.

式，以此履行战略实施中赋予自己的角色。其次，程式化程度高的计划流程为中层管理者提供了定义明确的战略目标，能为中层管理者提供工作重点，支持相关的决策。最后，程式化程度高的计划流程为自上而下的战略目标提供了明确的资源配置方式；当资源充足时，能够激发中层管理者执行战略计划的动力。另外，明确的、程式化程度高的战略实施流程显示了高层管理者对战略的重视和对中层管理人员的尊重，对战略的执行有推动作用。

在促进中层管理者的战略“适应性”的过程中，关键问题是将其丰富自己的经验和实现自我发展的愿望转化为工作目标和战略目标。他们需要高管层清晰的指示。程式化程度较高的战略计划流程能够为他们提供清晰的工作路线和赏罚标准，指导他们应该做什么，不应该做什么。这不但为他们提供了一种安全保证，而且还让他们对工作前景清晰明了。

所以，中层管理者在选择任务导向型工作行为时，战略流程在其中起到了调节的作用，影响到其角色的发挥，进而影响到战略的执行过程。

在此基础上，我们提出假设：

H4aa：正式战略流程的程式化程度，使中层管理者的任务导向型行为对战略修正过程有明显的调节作用；

H4ab：正式战略流程的计划强度，使中层管理者的任务导向型行为对战略修正过程有明显的调节作用。

2.战略实施流程对关系导向型行为的影响

战略计划的实施流程通过各种组织文件“散播”到各级组织成员中，形成对组织行为的约束和指导，中层管理者通过对战略的认知选择自己的行为方式，并对战略实施过程中的修正过程和执行过程产生影响。

在执行既定战略的过程中，中层管理者在关系导向型的行为模式下，按照高层管理者的要求参与战略计划的制订和讨论，以此了解高层管理者的战略构思过程。当中层管理者能够确定每天的工作与战略实现有关的时候，就形成了与战略实施有关的认识。对于下属，中层管理者在关系导向型的行为模式下，要求其参与讨论目标的分解过程和确定个人的任务。

战略计划实施流程的程式化程度和计划强度还显示出一种对战略的重视和对中层管理者及下属的尊重，这正促进了关系导向型行为模式的形成。战略制定者需要战略执行者，反之亦然。尊重的气氛需要通过相互交流来实现，高层管理者要尊重中层管理者和他的团队的能力，而中层管理者要尊重高层管理者的战略工作。这样容易创造出一种持续性的和谐的工作环境，促进战略计划的执行。

在此基础上，我们提出假设：

H4ba：正式战略流程通过其程式化的程度，使中层管理者的关系导向型行为对战略修正过程有明显的调节作用；

H4bb：正式战略流程通过其计划强度，使中层管理者的关系导向型行为对战略修正过程有明显的调节作用。

3. 战略实施流程对变革导向型行为的影响

中层管理者的行为模式是通过一系列的活动体现出来的，这些活动在组织战略实施过程中又可归结为四种主要角色，即执行既定战略、促进适应性、信息综合和支持变革主动性。变革导向行为主要涉及鼓励员工创新、强调外界环境变化的影响力、在组织内作出重大变革和为这些变革提供支持。

因此，对战略流程来说，最需要的是一种鼓励创新的制度安排，而并非程式化程度和计划强度。其中，中层管理者个人作为“缓冲器”起着非常重要的作用，流程的程式化程度反而限制了这种作用的发挥。因此在创新性强的组织中，多采用项目管理的方式，从而给予中层管理者更大的主动性。

在此基础上，我们假设：

H4ca：正式战略流程通过其程式化的程度，使中层管理者的变革导向型行为对战略修正过程有明显的调节作用；

H4cb：正式战略流程通过其计划强度，使中层管理者的变革导向型行为对战略修正过程有明显的调节作用。

概念模型如图 4-1 所示。

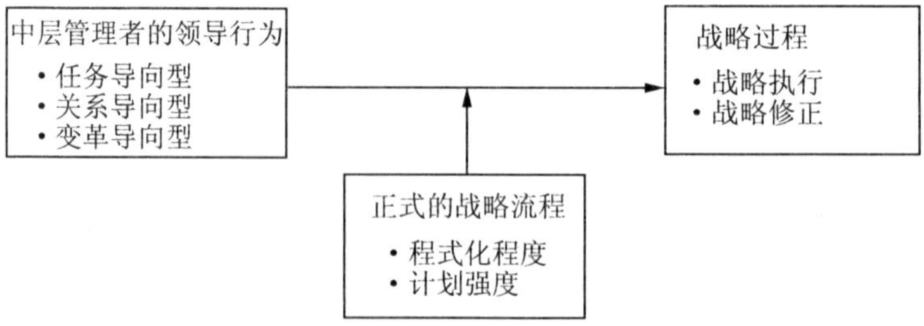

图 4-1　正式战略流程调节作用的概念模型

三、数据的收集和研究方法

(一)研究样本与变量测量

1. 样本研究

本章与第二章和第三章使用同一组研究样本。

2. 变量测量

本研究的因变量仍然是“战略修正”。自变量是中层管理者的领导行为的三个维度:任务导向型、关系导向型、变革导向型。控制变量仍然采用与第二章和第三章相同的控制变量。对它们的研究和检验这里不再叙述。

战略流程的两个维度——程式化程度和计划强度是作为调节变量在模型中进行检验的。这里主要研究这两个变量的测量方法。在企业内外部环境和战略修正方面研究成果较多的是弗洛伊德和伍尔德里奇。他们认为,文件的程式化程度主要体现在战略程序、计划进度、指导性文件、组织目标与个人目标的一致性等几个方面。布拉特曼(Bratman)等人在研究中层管理者的创造性和组织结构的有效性时,多从战略程序、计划进度和指导性文件三个方面来描述战略流程的程式化程度,取得很好的效果。

一般认为,流程的程式化程度限制了自主性和创新作用的发挥;弗洛伊德也认为,在流程程式化较强的环境中,尽管信息综合的渠道多样且畅通,但中层管理者之间进行交流的趋向仍不明显。因此,这里的程式化程度和计划强度两个变量是按照负相关的方式进行处理的。具体概念如表 4-3 所示。

表 4-3　战略流程量表

构思变量		测量项目	一致性系数 α 值
正式战略流程	程式化程度	战略程序	0.786
		计划进度	
		指导性文件	
	计划强度	中层管理者的感知性	——

(二)统计方法

本研究沿用第二章所使用的研究方法,也就是使用交互模型,通过检验交互项与因变量的相关性,判断调节变量的作用。

第一步:检验自变量“任务导向型”“关系导向型”和“变革导向型”领导行为

和因变量“战略修正”是否存在直接的和显著的相关关系；如果存在某种直接的和显著的相关关系，则进行第二步检验。

第二步：将新构成的变量“任务导向型×程式化程度”“任务导向型×计划强度”“关系导向型×程式化程度”“关系导向型×计划强度”“变革导向型×程式化程度”“变革导向型×计划强度”分别代入模型中，检验新变量和因变量之间是否存在直接的和显著的相关关系；如果这种关系存在，则说明调节效应（交互作用模型）成立。

为了检验模型的有效性，控制变量仍然选用第一章中的受教育水平、年龄、工作年龄、公司年龄、公司规模、所有制形式等。

四、数据处理与假设检验

（一）变量相关性矩阵

前面已经说过，相关分析的目的是检验任意两个变量之间的独立性。一般认为，当两个变量的相关系数大于 0.70 时，就认为两者过于趋同，不能进行统计分析。而在实践中，当两个变量的相关性大于 0.70 时，可以进一步利用两个变量的平均方差提取值的开平方值与相关系数进行比较的方法作进一步判定。

前面几章已经对大部分的变量的相关性作了探讨，只有“工作年龄”与“公司规模”与“程式化程度”具有一定的相关性。进一步研究可以看出，两个变量的值都大于相关系数，因此可以认为这两者是相互独立的，可以进行统计分析。具体的相关性检验结果如表 4-4 所示。

表 4-4　　变量的相关性检验

变量	均值	标准差	1	2	3	4	5	6	7	8	9	10	11	12
1. 战略修正	3.392	0.682	1											
2. 任务导向型	3.182	0.795	0.419**	1										
3. 关系导向型	3.132	0.860	0.328**	0.132**	1									
4. 变革导向型	2.040	0.052	0.395**	0.301**	0.324**	1								
5. 程式化程度	2.140	1.019	−0.132	0.098	0.075	−0.074	1							
6. 计划强度	1.983	1.984	−0.087	0.032	0.035	−0.045	0.105	1						
7. 受教育水平	2.193	1.112	−0.034	−0.013	−0.078	−0.064	0.013	−0.057	1					
8. 年龄	2.981	1.261	0.139	−0.137	−0.034	0.071	0.034	−0.036	−0.102	1				
9. 工作年龄	3.142	1.532	−0.059	0.049	−0.025	0.048	−0.202*	0.032	0.032	0.423**	1			
10. 公司年龄	2.875	1.280	−0.131	0.157*	0.068	0.004	−0.099	0.012	0.087	−0.098	0.076	1		
11. 公司规模	3.887	0.496	−0.107	−0.323**	−0.132	0.131	0.367*	0.023	0.034	0.354**	0.067	0.154	1	
12. 所有制形式	3.999	1.180	0.331**	0.131	−0.105	0.186*	0.109	−0.015	−0.054	−0.109	0.076	0.034	0.114	1

注：2-tailed test；* $p<0.05$；** $p<0.01$。

(二)战略流程对任务导向型领导行为的调节效应分析

1. 检验 H4aa:正式战略流程的程式化程度,使中层管理者的任务导向型行为对战略修正过程有明显的调节作用。

以战略修正为因变量,以任务导向型领导行为为自变量,将程式化程度作为调节变量,构建检验模型。

第一步,将控制变量放入模型,剔除非研究因素对战略修正的影响;

第二步,将自变量"任务导向型领导行为"和调节变量"程式化程度""计划强度"加入模型;

第三步,加入二元交互项"任务导向型×程式化程度"和"任务导向型×计划强度",检验调节效应。

具体检验结果如表 4-5 所示。

表 4-5　任务导向型×程式化程度——战略修正

		模型 1	模型 2	模型 3
常量				
控制变量	教育水平	0.243	−0.016	0.126 *
	入职年限	−0.063	0.134	0.187 * *
	年龄	−0.134	−0.167	−0.102
	公司年龄	0.354	0.156	−0.291 *
	公司规模	−0.053	0.115	0.83
	所有制形式	0.853 * *	0.163 *	0.133 * *
自变量	任务导向型		0.275 * *	0.218 * *
	程式化程度		0.165 * *	0.150 * *
	任务导向型×程式化程度			0.113 *
	R^2	0.232	0.498	0.498
	Adjusted R^2	0.219	0.279	0.125

注:2-tailed test; * $p<0.05$; * * $p<0.01$;常数值省略;下同,省略。

2. 检验 H4ab:正式战略流程的计划强度,使中层管理者的任务导向型行为对战略修正过程有明显的调节作用。其检验结果如表 4-6 所示。

表 4-6　　任务导向型×计划强度——战略修正

		模型 1	模型 2	模型 3
常量				
控制变量	教育水平	0.243	−0.016	−0.049
	入职年限	−0.063	0.134	0.089
	年龄	−0.134	−0.167	−0.099
	公司年龄	0.354	0.156	0.387*
	公司规模	−0.053	0.115	0.082
	所有制形式	0.853**	0.163*	0.125*
自变量	任务导向型		0.225**	0.179**
	计划强度		0.173**	0.157**
	任务导向型×计划强度			0.093*
	R^2	0.232	0.476	0.415
	Adjusted R^2	0.219	0.267	0.238

回归分析显示，任务导向型和程式化程度在模型中的系数显著，加入交互项（任务导向型×程式化程度）后，回归模型的解释力显著增加，即程式化程度的增加降低了任务导向型领导行为在战略修正过程中的作用，支持了假设 H4aa。

任务导向型和计划强度在模型中的系数显著，加入交互项（任务导向型×计划强度）后，回归模型的解释力显著增加，即计划强度的增加降低了任务导向型领导行为在战略修正过程中的作用，支持了假设 H4ab。

（三）战略流程对关系导向型领导行为的调节效应分析

1. 检验假设 H4ba：正式战略流程的程式化程度，使中层管理者的关系导向型行为对战略修正过程有明显的调节作用。

第一步，将教育水平、入职年限、年龄、公司年龄、公司规模、所有制形式等控制变量，带入以战略修正为因变量的检验模型中，并剔除非研究因素的影响；

第二步，将自变量“关系导向型领导行为”和调节变量“程式化程度”加入模型；

第三步，放入二元交互项“关系导向型×程式化程度”，检验调节效应。

具体结果如表 4-7 所示。

表 4-7　　关系导向型×程式化程度——战略修正

		模型 1	模型 2	模型 3
常量				
控制变量	教育水平	0.243	−0.016	0.126 *
	入职年限	−0.063	0.134	0.187 * *
	年龄	−0.134	−0.167	−0.102
	公司年龄	0.354	0.156	−0.291 *
	公司规模	−0.053	0.115	0.83
	所有制形式	0.853 * *	0.163 *	0.133 * *
自变量	关系导向型		0.275 * *	0.218 * *
	程式化程度		0.165 * *	0.150 * *
	关系导向型×程式化程度			0.103
	R^2	0.232	0.498	0.498
	Adjusted R^2	0.219	0.279	0.125

2. 检验假设 H4bb:正式战略流程的计划强度,使中层管理者的关系导向型行为对战略修正过程有明显的调节作用。

具体检验结果如表 4-8 所示。

表 4-8　　关系导向型×计划强度——战略修正

		模型 1	模型 2	模型 3
常量				
控制变量	教育水平	0.243	−0.038	−0.013
	入职年限	−0.063	0.140	0.152
	年龄	−0.134	−0.035	−0.013
	公司年龄	0.354	0.021	−0.023
	公司规模	−0.053	−0.035	0.020
	所有制形式	0.853 * *	0.270	0.238
自变量	关系导向型		0.237 * *	0.179 * *
	计划强度		0.073	0.057
	关系导向型×计划强度			0.093
	R^2	0.232	0. 320	0.254
	Adjusted R^2	0.219	0.184	0.173

回归分析显示，在以战略修正为因变量的回归模型中，“关系导向型×程式化程度”的系数不显著。加入交互项后，关系导向型变量的系数没有发生显著变化。同样，“关系导向型×计划程度”的系数也不显著。也就是说，正式战略流程对中层管理者的关系导向型领导行为的调节效应不显著。

（四）战略流程对变革导向型领导行为的调节效应分析

1. 检验 H4ca：正式战略流程的程式化程度，使中层管理者的变革导向型行为对战略修正过程有明显的调节作用。

第一步，将教育水平、入职年限、年龄、公司年龄、公司规模、所有制形式等控制变量，带入以战略修正为因变量的检验模型中，并剔除非研究因素的影响；

第二步，将自变量“变革导向型领导行为”和调节变量“程式化程度”加入模型；

第三步，加入二元交互项“变革导向型×程式化程度”，检验调节效应。

具体检验结果如表 4-9 所示。

表 4-9　变革导向型×程式化程度——战略修正

		模型 1	模型 2	模型 3
常量				
控制变量	教育水平	0.243	0.091	−0.038
	入职年限	−0.063	0.283**	0.140
	年龄	−0.134	−0.275	−0.035
	公司年龄	0.354	−0.135	0.021
	公司规模	−0.053	0.256	−0.035
	所有制形式	0.853**	0.534	0.270
自变量	变革导向型		0.383**	0.262**
	程式化程度		−0.265**	−0.193**
	变革导向型×程式化程度			−0.118*
	R^2	0.232	0.335	0.398
	Adjusted R^2	0.219	0.287	0.312

2. 检验 H4cb：正式战略流程的计划强度，使中层管理者的变革导向型行为对战略修正过程有明显的调节作用。

第一步，将教育水平、入职年限、年龄、公司年龄、公司规模、所有制形式等控制变量，带入以战略修正为因变量的检验模型中，并剔除非研究因素的影响；

第二步，将自变量“变革导向型领导行为”和调节变量“计划强度”加入模型；

第三步，加入二元交互项“变革导向型×计划强度”，检验调节效应。

具体检验结果如表 4-10 所示。

表 4-10 变革导向型×计划强度——战略修正

		模型 1	模型 2	模型 3
常量				
控制变量	教育水平	0.243	−0.013	0.034
	入职年限	−0.063	0.152	0.104
	年龄	−0.134	−0.013	0.006
	公司年龄	0.354	−0.023	0.147
	公司规模	−0.053	0.020	0.057
	所有制形式	0.853**	0.238	0.209
自变量	变革导向型		0.473**	0.179**
	计划强度		−0.217**	−0.186**
	变革导向型×计划强度			−0.102*
	R^2	0.232	0.361	0.312
	Adjusted R^2	0.219	0.420	0.308

回归分析显示，在“‘变革导向型×程式化程度’——战略修正”模型和“‘变革导向型×计划强度’——战略修正”模型中，交互项的系数显著，加入交互项后自变量的系数也有明显变化，说明正式战略流程的两个变量“程式化程度”和“计划强度”可以使中层管理者的变革导向型领导行为对战略修正具有明显的调节作用。

五、结果讨论

本章的实证研究得出下列结论：

第一，本章数据分析的结果支持了既定战略计划对中层管理者领导行为具有调节作用的结论；但是，在针对关系导向型领导行为方面，计划的调节作用不明显。从数据分析的结果来看，战略计划及其措施在实施过程中具有约束性的调节作用，一方面对中层管理者的活动具有正面的导向作用，另一方面对中层管理者的行为具有约束作用，这方面的作用可以从对变革导向型的领导行为的作用中显示出来。在变革导向型领导行为对战略修正作用的调节中，战略计划及其措施的调节作用是负向的，即当程式化程度和计划强度增加时，对中层管理者的变革导向型的领导行为具有约束作用，进而减弱其在战略修正过程中的作用。

第二，数据分析的结果从领导行为学的角度对弗洛伊德和伍尔德里奇等人的中层管理者活动模型进行了解释。弗洛伊德等人认为，在企业战略实施过程中，中层管理者通过一系列向上和向下施加影响的活动，完成战略修正过程。向上的影响是向高层管理者说明出现的问题，同时提供了新的主动性，这样能够改变公司战略的轨迹，其间需要调整和定义新的战略程序，需要新的方案评估体系。在向下的影响中，企业需要放松规章制度，开始新的战略方案，争取新的战略程序的实验时间、资源和信息等。因此，既定的战略流程和实施措施等影响着中层管理者的各项活动的效果。

第三，战略计划的程式化程度和计划强度作为两个特征变量，在企业组织的战略实施过程中发挥了作用。重要的战略计划和相应的规则是由一系列抽象的宗旨、目标以及具体的生产计划、财务计划等组成的。在测定方法上，使用的是具有感知性的问卷。应用这些结论时，需要进一步考虑中层管理者的接受能力、认知水平、文化背景等。

根据以上结论，在指导实践方面应该注意以下几点：

第一，要根据企业所处的外部环境条件制订战略计划和实施流程。根据前面的研究可知，当外界环境变化较大时，战略修正的强度要大，也就是要求对既定的战略计划进行较大的修改，以适应市场、原料的变化以及技术的进步等。

第二，在企业内部的不同部门间，面临的环境也是不同的，其制度设计应有所区别。例如，营销部直接面对市场，在战略计划中涉及市场销售方面的流程和规章制度应该更灵活一些。

第三，企业计划具有层次性。哈罗德·孔茨和海因·韦里克从抽象到具体，把计划分为一种层次体系，包括目的或使命、目标、战略、政策、程序、规则、方案以及预算；战略是为了达到组织的总目标而采取的行动和利用资源的总计划。当需要变化战略计划的程式化程度和计划强度时，应该改变哪一部分？实践和理论探讨认为，抽象的部分，如目的或使命、目标等，应该稳定持续较长的时间。当环境发生变化需要改变相应的战略时，首先变动的应该是具体的计划，如程序、方案、预算等。

本章的研究结果是从领导行为和认知的角度得出的结论，而战略计划作为一种层次体系，很难简单地用程式化程度和计划强度两个变量描述清楚。对此，还需要从以下几个方面进行深入探讨。

第一，当面对不同的外界环境时，需要制订不同的战略计划组合，因此必须对不同层次的计划分别进行探讨，或者进行不同组合形态的探讨。

第二，中层管理者的领导行为是通过各种战略实施活动显示出战略修正的效果，所以需要进一步研究领导行为与活动之间的作用机制以及中层管理者的领导行为与成员团队的作用机制。

总之，在今天环境瞬息万变的时代，制订有效的战略计划，充分发挥中层管理者的主动性、创造性，是一项具有重要意义的工作，需要不断发现和创新。

第五章 结论和创新点

一、主要结论

本书在研究组织行为的过程中，设定了战略实施的特定过程。在这样的环境下，企业的中层管理者不仅受到社会和企业的各种规章制度的制约，而且具体战略目标也规定了他们的行为方向和目的。但是，随着对战略过程认识的不断深入，人们逐渐认识到战略实施过程实际上是战略计划和相应的实施文件与执行人员之间相互作用的过程，作用结果是使组织适应环境的变化以及利用市场带来的机会提高企业的盈利水平和市场占有率等。

为了深入了解中层管理人员的行为在组织战略实施过程中的作用，本书将战略实施过程中的战略修正过程和战略执行过程作为因变量，将中层管理者的任务导向型行为、关系导向型行为以及变革导向型行为作为自变量，构成检验主模型；将外界环境的不确定性作为控制变量，将中层管理人员的三种行为模式作为中介变量，构成交互式检验模型，验证外界环境的变化在战略实施过程中的影响机制。同时，将战略流程作为调节变量，构建交互模型，验证战略流程在战略实施过程中针对中层管理人员的行为对战略修正过程和战略执行过程的调节作用。在 15 项假设检验中，有 9 项通过检验，有 6 项未通过检验。

通过对检验结果的进一步研究，可以得出以下结论：

第一，在企业战略实施过程中，中层管理人员的行为显著影响了战略修正的执行过程，决定着企业能否顺利实现战略变革。弗洛伊德等人认为，中层管理人员通过两种方式参与管理，并影响组织的绩效：(1)他们的活动能够改善决策的质量，然后影响组织的绩效；(2)他们的活动能强化组织责任，从而使战略计划更有效，使组织获得更大的绩效。本书通过构建主模型，对中层管理人员在战略实施过程中的作用进行研究，认为其任务导向型行为对战略修正和战略执行过程都有显著的影响，并构成中层部门领导的基本行为特征。其关系导向型的行为也同时对战略修正过程和战略执行过程有显著的促进作用，说明现代企业面对多变的环境，对信息传递、沟通过程提出更高的要求。其变革导向型行为只对战略修正过程有明显的促进作用，说明组织在环境多变、需要变革战略计划时，对中层管理人员提出更高的要求。

第二，单纯分析外界环境对企业经营业绩的影响是不全面的，需要结合企业人员的行为活动综合分析。在不确定的经济环境下，管理者为使企业获得良好的业绩，需要表现出一些特定的行为。这些行为一方面与其特定的职位密切相关，如分析环境、设定愿景、监督控制企业运行等，另一方面与管理者的个性及所处的文化环境密切相关，如是否愿意承担风险，能否在员工面前表现出坚定的信念，行事是否果断，以及是否具有良好的沟通技巧，善于维系和谐的人际关系等。因此，外界环境因素对企业绩效产生的影响是通过管理人员的行为显现出来的：一方面，外界环境的变化会给企业经营带来正面的(或负面的)影响，如市场萎缩(或膨胀)、原料供应紧张(或宽松)、资金链紧张(或宽松)等，会给企业的绩效产生影响；另一方面，面对外界环境的变化，企业组织会主动改变管理行为甚至组织结构，以克服企业经营的困难。本书以中层管理人员的领导行为为中介变量，对外界环境因素进行研究，发现关系导向型和变革导向型行为对外部环境的变化起到中介作用。良好的沟通技巧、善于维系和谐的人际关系等的关系导向型领导行为，以及鼓励创新、支持员工“主动性”的变革导向型行为，在应对环境变化中起到重要作用。

第三，通过研究可以看出，战略流程的程式化程度和计划强度对中层管理人员的任务导向型行为和关系导向型行为有正向的促进作用，而对变革导向型行为有负面影响。因此，面对不同的竞争环境，公司应该制定不同的战略流程。特别是IT等市场竞争比较激烈的行业，战略计划更趋向于目标指导性、愿景激励性和框架性等，从而将更多的决策权、资源分配权和人员调动权下放至中层和下层，这样既有利于发挥中下层管理人员的主动性、创造性和责任感，也能激励员工的工作热情。当然，对相应的战略实施工具的研究和使用也是必要的，如“平衡计分卡”及相应的绩效分析工具等，在战略实施过程中可以起到很好的作用。

二、本书的主要创新点

惠廷顿认为，战略的概念“意味着组织中的各个成员团结起来，有效地追求共同的目标”，因此组织把成员的活动作为过程，而围绕战略的各种活动也构成了战略实施过程。将追求共同目标的各种活动统一起来，就得到了组织的整个经营过程。从战略作为企业经营活动的重要组成部分被独立地进行研究，到战略过程被分为战略形成过程和战略实施过程分别加以研究，再到战略的形成与战略的实施相统一，经过了“整体——分解——再统一”的发展过程。一系列研究成果显示，这个过程一方面是战略环境发生了变化，竞争的激烈程度增加，产品的生命周期缩短，市场追求个性化和差异化等的结果；另一方面是因为员工的素质得到了普遍提高，其职业目标从单纯的物质追求，发展到自我价值的实现和社会的认同。

对战略实施过程的研究，经历了一开始的宏观层面的“高度抽象、广泛聚类和严格概念”，到微观层面的“组织和管理活动的复杂性”的过程。本书就是研究微观层面上的战略行为在战略实施过程中的作用，具体创新点有：

第一，分析并证明了在战略实施过程中，中层管理人员的任务导向型、关系导向型行为有助于战略执行过程。

通过分析中层管理者在战略实施过程中的管理活动模型可以看出，这些活动具有领导模式的特征：在有效运用人力和资源、有秩序地进行管理以完成任务方面体现了任务导向型的维度特征；在增进上下属关系、帮助下属增强对组织的认同感和强化团队合作方面体现了关系导向型特征；在支持操作层的变革意识，适应内部一致性和环境变化方面体现出变革导向型的特征。本书将领导模式理论应用到分析中层管理者的战略行为中，将各种凌乱的、复杂的管理活动，在战略实施的框架中进行系统化、理论化梳理。

根据中层管理者的领导行为特征，以战略实施过程中执行过程为变量，构建基于中层管理者行为模式的战略实施过程分析模型。以战略修正过程趋势（或能力）的认知化概念作为因变量，以中层管理人员的领导模式——任务导向型、关系导向型和变革导向型作为自变量，考察了这几者间的相互关系，较好地描述了中层管理人员的管理模式在战略实施过程中的作用方式。

通过实证分析可以看出，中层管理人员领导行为中的任务导向型、关系导向型对战略执行变量中的战略共识、战略计划与战略调整具有正相关关系，整体上具有正的相关性。

以往关于战略过程以及管理者行为的研究，大都集中在领导行为对变革创新的影响、领导行为对公司绩效的影响、环境的复杂性对战略行为的影响等方面。本书从企业战略实施过程的两个维度——战略修正过程和战略执行过程进行研究，这两个过程在战略实施过程中相互交织在一起，对完成战略目标和经营目标起着重要作用。中层管理人员作为执行团队的领导者，对员工的素质、团队文化等有较深刻的了解，同时对外部环境及其变化的反应也最敏锐。他们的各项活动对战略的执行过程具有重要作用。

第二，当外界环境发生变化时，中层管理人员领导模式显示出中介作用，进而影响到战略执行过程和战略修正过程。模型分析显示，中层管理者的基本行为模式是任务导向型行为，也就是说，中层管理者必须具备安排人员、分配资源以及制订和落实生产计划的能力。关系导向型行为是对中层管理者的更高要求。当外部环境变化较大时，则需要中层管理人员具备变革导向型的行为模式。

本书研究的前提为：外界环境因素通过中层管理人员的行为影响战略实施过程，中层管理人员发挥了中介作用。这主要考虑到公司在遇到外界环境变化时，中层管理人员及其下属会主动地改变领导行为和活动方式，并反映到战略修正过程中。本书将既定的战略流程作为调节变量，研究其对中层管理人员的行为以及战略实施过程的影响，这种交互式的检验模型，较真实地反映了这几个变量之间的关系。

第三，既定的战略流程（战略计划）对中层管理人员的行为有约束或促进作用，进而影响着战略实施的修正过程和执行过程。实证研究发现，当战略流程的程式化程度和计划强度增强时，对中层管理者的行为有较强的约束作用，有利于战略的执行过程，但不利于中层管理者的变革行为的发挥，对战略的修正过程有抑制作用。反之，中层管理者的变革导向型行为能够较大程度地支持变革主动性的发挥，有利于战略修正过程。

将既定战略流程变量作为调节变量代入模型，通过交互作用的实证方法，证明其程式化程度和计划强度会影响中层管理人员的领导行为，进而影响战略实施的修正过程和执行过程。

企业中层管理人员的管理行为受到企业内外部环境的影响，长期的影响形成了中层管理人员的管理行为模式。从模型中可以看出，在外界环境变化和内部环境（战略计划）约束的条件下，任务导向型领导模式是中层管理者最普遍、最基本的领导模式。当环境变化较大时，则需要具备关系导向型和变革导向型的领导模式。

另外，本书将企业的战略实施过程划分成两个维度：战略修正过程和战略执行过程，并以战略修正过程趋势（或能力）和战略执行过程（或能力）的认知化概念作为因变量。以往的研究大都采用现实性战略（strategy-as-practice）的方法对战略实施过程，特别是战略实施过程中的各种活动及其逻辑、影响等进行研究。本书在这些研究成果的基础上，将战略修正过程和战略执行过程作为自变量，分别对中层管理人员的三种行为方式进行检验，结果没有表现出负相关的性质。这与通常认为的“战略修正过程强，则引起执行过程趋势弱”的观点相背离。同时，变量在相关性检验中，其独立性也符合要求，因此在一定程度上证明了战略实施过程的两个维度的有效性。

三、本书研究的局限性与未来展望

尽管本书的研究从总体上而言基本达到了预期的目标，得到了一些有意义的结论，但是也存在一些不足：

第一，本书只考虑了与战略实施过程密切相关的几个重要因素，如外界环境、既定的战略计划等，但还有一些因素也可能会影响战略实施过程，如企业文化、管理活动惯例、企业的发展阶段等。实际上，企业战略管理是一个非常复杂的过程，组织结构、信息交流渠道会随着战略的实施发生一些变化。另外，员工态度、组织关怀、组织承诺、分配方式等也都会影响战略实施过程。所以，在以后的研究中需要就这些问题进行深入探索。

第二，本书的研究方法依然没有摆脱“高度抽象、广泛聚类和严格概念”的研究方式，没有从中层管理人员的具体活动的角度对战略实施过程进行分析。虽然这种方法是目前主流的研究方式，但是，它也会忽略掉许多相关性小的因素，而这些不起眼的因素可能会影响战略实施过程。这是今后需要改进的方面。

第三，本书在选择调查样本时，选择的企业都是在战略实施过程中取得比较满意效果的或者成功的企业，目的是想说明中层管理人员的这些领导行为对战略实施过程具有促进作用；相反，那些战略管理失败的企业并没有被选为研究对象。但这不能说明哪些行为是导致战略失败的因素，对战略失败原因的分析也是重要的。从搜索到的文献来看，这方面的研究很少。这也是今后努力的方向。

第四，由于时间仓促以及所回收的数据质量所限，本书最终所形成的有效样本数为 367 个。尽管这已经能满足研究所需，但在更多的企业、更大的样本群中进行进一步的验证将更有利于支持最终结论，也有利于有进一步的发现。

战略管理是企业管理的重要内容，而战略计划是连接企业现状和未来发展的纽带，战略实施过程则是企业实现自身发展目标的桥梁，其影响因素复杂且多样。所以，战略管理研究是一项长期的任务，需要投入更多的精力，付出更多的心血和汗水。

附录：中层管理人员战略行为调查问卷

尊敬的女士/先生：

您好！

非常感谢您在百忙之中抽空填写此问卷。这是一份关于中层管理者行为的研究性问卷。本问卷采用不记名方式，您的意见和答案将对本研究提供非常重要的帮助。请您抽出几分钟的时间，按照问卷的要求回答我们的问题。

请注意，只有所有问题回答完整才是有效问卷，恳切希望您按照实际情况回答全部问题。

如果您对我们的问题有浓厚的兴趣，欢迎通过电子信箱与我们联系，电子信箱为：maxingbin@126.com。如果您希望得到本研究的研究结果，您可以在本调查问卷最后的个人信息部分留下电子邮箱，并注明您所关心的问题。研究结束后我们会将相关研究结果发给您。

谢谢您的大力支持。

第一部分　外部环境不确定性调查

本部分问卷主要调查贵公司外部环境的不确定性程度。

1.1 企业外部环境中的事件变动迅速

①非常不符合　②有些不符合　③不能确定　④有些符合　⑤非常符合

1.2 企业外部环境中的趋势走向变动频繁

①非常不符合　②有些不符合　③不能确定　④有些符合　⑤非常符合

1.3 企业外部环境中，各种结果都可能出现

①非常不符合　②有些不符合　③不能确定　④有些符合　⑤非常符合

1.4 企业外部环境非常复杂，以至于很难非常自信地预计外界环境趋势走向

①非常不符合　②有些不符合　③不能确定　④有些符合　⑤非常符合

1.5 外部环境非常复杂,以至于很难获得足够的外部环境信息

①非常不符合 ②有些不符合 ③不能确定 ④有些符合 ⑤非常符合

第二部分 战略计划正式流程调查

本部分是调查战略计划在战略实施过程中的程式化程度(即步骤明确的程度)和计划强度。

2.1 战略计划的实施有专门的人员和资源配置

①非常不符合 ②有些不符合 ③不能确定 ④有些符合 ⑤非常符合

2.2 战略的每一步时间和任务都写得很清楚

①非常不符合 ②有些不符合 ③不能确定 ④有些符合 ⑤非常符合

2.3 我们按照战略目标完成生产(销售)计划

①非常不符合 ②有些不符合 ③不能确定 ④有些符合 ⑤非常符合

2.4 公司的战略计划经常出现在公司发放到中层管理人员的文件中

①非常不符合 ②有些不符合 ③不能确定 ④有些符合 ⑤非常符合

2.5 各种生产或非生产性的活动体现着公司战略

①非常不符合 ②有些不符合 ③不能确定 ④有些符合 ⑤非常符合

2.6 战略计划实施的每一步的内容和实施时间我们都很清楚

①非常不符合 ②有些不符合 ③不能确定 ④有些符合 ⑤非常符合

2.7 各种文化活动和在公司的网页上都能够找到公司战略内容

①非常不符合 ②有些不符合 ③不能确定 ④有些符合 ⑤非常符合

第三部分 中层管理人员领导行为调查

本部分问卷主要调查领导行为。

3.1 我重视追求整个企业的发展

①非常不符合 ②有些不符合 ③不能确定 ④有些符合 ⑤非常符合

3.2 鼓励员工在工作中学习

①非常不符合 ②有些不符合 ③不能确定 ④有些符合 ⑤非常符合

3.3 常常阐述对于未来的规划和想法

①非常不符合 ②有些不符合 ③不能确定 ④有些符合 ⑤非常符合

3.4 鼓励员工用不同的方式看待问题

①非常不符合 ②有些不符合 ③不能确定 ④有些符合 ⑤非常符合

3.5 尊重并关心下属

①非常不符合 ②有些不符合 ③不能确定 ④有些符合 ⑤非常符合

3.6 提倡尊重别人的观点、意见和建议

①非常不符合 ②有些不符合 ③不能确定 ④有些符合 ⑤非常符合

3.7 在战略实施过程中常常适当授权

①非常不符合 ②有些不符合 ③不能确定 ④有些符合 ⑤非常符合

3.8 重视人际交往,和大家建立良好的关系

①非常不符合 ②有些不符合 ③不能确定 ④有些符合 ⑤非常符合

3.9 指导员工识别他人的能力和要求

①非常不符合 ②有些不符合 ③不能确定 ④有些符合 ⑤非常符合

3.10 要求员工规划工作以获得最佳效率

①非常不符合 ②有些不符合 ③不能确定 ④有些符合 ⑤非常符合

3.11 常常向员工提出明确的工作要求

①非常不符合 ②有些不符合 ③不能确定 ④有些符合 ⑤非常符合

3.12 常常强调质量和效率的重要性

①非常不符合 ②有些不符合 ③不能确定 ④有些符合 ⑤非常符合

3.13 给大家树立较高的效率标准

①非常不符合 ②有些不符合 ③不能确定 ④有些符合 ⑤非常符合

第四部分 战略实施模式调查

本部分是调查既定的战略计划在实施过程中被执行和修正的情况。

4.1 我们在实施公司的战略中发现了新的商机,很好的机会

①非常不符合 ②有些不符合 ③不能确定 ④有些符合 ⑤非常符合

4.2 我们在实施公司的战略中发现方案存在很大的风险,可能会造成损失

①非常不符合 ②有些不符合 ③不能确定 ④有些符合 ⑤非常符合

4.3 我们及时将这些问题进行综合,形成调整方案

①非常不符合 ②有些不符合 ③不能确定 ④有些符合 ⑤非常符合

4.4 公司批准了我们的调整方案,并在公司实施

①非常不符合 ②有些不符合 ③不能确定 ④有些符合 ⑤非常符合

4.5 在战略实施过程中已经准备资源应付突发事件,或战略的变化

①非常不符合 ②有些不符合 ③不能确定 ④有些符合 ⑤非常符合

4.6 所在部门在战略实施过程中明确区分战略任务与日常业务

①非常不符合 ②有些不符合 ③不能确定 ④有些符合 ⑤非常符合

4.7 组织采取了有效措施保证日常压力不影响战略机制的有效性

①非常不符合 ②有些不符合 ③不能确定 ④有些符合 ⑤非常符合

4.8 中层管理者普遍认同公司的战略

①非常不符合 ②有些不符合 ③不能确定 ④有些符合 ⑤非常符合

4.9 所在部门对战略的评价与战略执行的情况相匹配

①非常不符合 ②有些不符合 ③不能确定 ④有些符合 ⑤非常符合

4.10 所在部门的激励机制与战略执行相匹配

①非常不符合 ②有些不符合 ③不能确定 ④有些符合 ⑤非常符合

4.11 战略执行中出现的偏差得到有效的纠正

①非常不符合 ②有些不符合 ③不能确定 ④有些符合 ⑤非常符合

第五部分 战略问题调查

本部分是关于战略实施中遇到的、影响实施过程的问题。请您根据自己的感受,将自己的看法填写在表格里,在相应的格子里打“√”就可以。

战略实施的问题列表

	不知道	没有影响	有点影响	影响较大	影响很大
1.战略的可行性(Feasibility of Strategy)					
战略在组织的各个部分都是不可行的	0	1	2	3	4
战略中的各种问题相互矛盾	0	1	2	3	4
战略环境阻碍战略的实施	0	1	2	3	4
2.对战略的认知(Awareness of Strategy)					
战略是故意保守秘密的	0	1	2	3	4
认为战略已经被认知	0	1	2	3	4

续表

	不知道	没有影响	有点影响	影响较大	影响很大
战略沟通不充分	0	1	2	3	4
认为组织各层次的沟通不重要	0	1	2	3	4
信息流在组织的一些地方中断	0	1	2	3	4
对战略的理解不正确	0	1	2	3	4
3. 组织体系(Organizational Systems)					
实施战略的资源不充足	0	1	2	3	4
工作流程与战略冲突	0	1	2	3	4
组织结构与战略冲突	0	1	2	3	4
战略与奖励体系的联系不充分	0	1	2	3	4
人员的作用界定不清晰	0	1	2	3	4
战略不能够具体化	0	1	2	3	4
4. 对战略的承诺(Commitment to Strategy)					
管理人员没有坚定承诺实施战略	0	1	2	3	4

续表

	不知道	没有影响	有点影响	影响较大	影响很大
中层管理人员没有坚定承诺实施战略	0	1	2	3	4
员工没有坚定承诺实施战略	0	1	2	3	4
对战略实施缺乏信心	0	1	2	3	4
战略实施与组织文化冲突	0	1	2	3	4
战略实施与一些员工的个人目标和利益冲突	0	1	2	3	4
某些活动和事件分散了战略实施的注意力	0	1	2	3	4

5.战略实施的控制和进展(Monitoring and Development of Implementation)

没有评估战略实施	0	1	2	3	4
活动方向发生变化后很快恢复	0	1	2	3	4
实施中认识到问题却没有作出反应	0	1	2	3	4

第六部分　背景材料

6.1 所在公司的企业性质为

①国有企业　②合资/外资企业　③私营企业　④上市公司

6.2 所在公司经营年限

①5 年以下　②5～10 年　③10～20 年　④20 年以上

6.3 您在公司工作时间为

①未满 2 年　②2～4 年　③4～6 年　④6～8 年　⑤8 年以上

6.4 您主管(分管)的部门是

①技术部门　②行政部门　③市场营销　④财务部门　⑤人力资源

6.5 所在公司的规模(总人数)是

①50 人以下　②51～100 人　③101～500 人　④501～2000 人　⑤2000 人以上

6.6 所在公司正在实施(或已经实施)的战略属于

①新产品开发　②新技术应用　③组织改革　④文化创新　⑤薪酬改革　⑥其他

6.7 您认为公司在战略计划实施过程中各部门的重要性

技术研发　①非常重要　②比较重要　③一般　④不太重要

市场营销　①非常重要　②比较重要　③一般　④不太重要

生产　①非常重要　②比较重要　③一般　④不太重要

行政职能　①非常重要　②比较重要　③一般　④不太重要

财务　①非常重要　②比较重要　③一般　④不太重要

其他支撑职能 ①非常重要　②比较重要　③一般　④不太重要

6.8 您认为下面哪些因素影响您发挥个人的战略行为？(可多选)

①市场信息　②领导行为　③激励政策　④文化制度　⑤专业知识　⑥个人能力

6.9 个人背景：年龄：______；最终学历(或学位)：____________；工作年限：__________；在本公司的时间：________；在本岗位时间：________

6.10 如果您需要本研究的研究成果，请在下面空白处写下您的电子信箱和您所关心的问题。

第七部分　访谈列表(Lists used in the interviews)

战略实施中实际活动列表

正式沟通活动(Communication)	
会议(Meetings)	
非正式会议(Informative meetings)	
信件往来(Letters and communications)	
提示板(Notice boards)	

续表

内部网(Intranet)	
内部杂志(Internal magazines)	
电子邮件(E-mail)	
非正式讨论(Unofficial discussions)与上级领导(With superiors)	
与下级(With subordinates)	
与同事(With co-workers)	
文化现象(Cultural phenomena)事迹(Stories)	
符号(Symbols)	
口号(Slogans)	
员工发展(Personnel development)培训(Training)	
绩效评价(Performance appraisal)	
入职培训(Induction training)	
员工选择(Personnel choices)	
奖励(Rewarding)	
计划(Planning)财务控制(Budget monitoring and reporting)	
业务计划(Business plans)	
运营和绩效目标(Operational and performance objectives)	
平衡记分卡(Balanced scorecard)	
运营/流程(Operations/processes)项目制定(Projects)	
项目管理体系(Project management systems)	
质量体系(Quality systems)	
组织结构变化(Changes in organizational structure)	
经营网络和合作(Networks and partnership)	
您认为还有什么(Other?)	

主要参考文献

一、英文文献

[1] Alexander L D. Strategy Implementation: Nature of the Problem. *International Review of Strategic Management*. Vol. 2, 1991.

[2] Amason A C. Distinguishing the Effects of Functional and Dysfunctional Conflict on Strategic Decision Making: Resolving a Paradox for Top Management Teams. *Academy of Management Journal*. Vol. 39, 1996.

[3] Ansoff H I. *Corporate Strategy: An Analytic Approach to Business Policy for Growth and Expansion*. New York: McGraw-Hill, 1965.

[4] Ansoff H I. *Strategic Planning to Strategic Management*. Chichester: Wiley, 1976.

[5] Aoki M. Horizontal and Vertical Information Structure of the Firm. *American Economic Review*. Vol. 76, 1986.

[6] Ari Ginberg. Measuring and Modeling Changes in Strategy: Theoretical Foundations and Empirical Directions. *Strategic Management Journal*. No. 9, 1988.

[7] Armstrong J S. The Value of Formal Planning for Strategic Decisions: Review of Empirical Research. *Strategic Management Journal*. Vol. 3, 1982.

[8] Chakravarthy B S & White R E. Strategy Process: Forming, Implementing and Changing Strategies, in Pettigrew A, Thomas H, Whittington R, *Handbook of Strategy and Management*. USA: Sage Publications, 2002.

[9]Bacharach S B, Bamberger P & Sonnenstuhl W J. The Organizational Transformation Process: The Micropolitics of Dissonance Reduction and the Alignment of Logics of Action. *Administrative Science Quarterly*. Vol. 41, 1996.

[10]Balogun J & Johnson G. *Organizational Restructuring: The Impact of Middle Manager Sense Making*. A paper presented at EGOS Colloquium, Copenhagen, Denmark, 2003.

[11]Balogun J. From Blaming the Middle to Harnessing its Potential: Creating Change Intermediaries. *British Journal of Management*. Vol. 14, 2003.

[12]Barley S R & Tolbert P S. Institutionalization and Structuration: Studying the Links between Action and Institution. *Organization Studies*. Vol. 18, 1997.

[13]Bogdan R C & Biklen S K. *Qualitative Research for Education: An Introduction to Theory and Methods*. Boston: Allyn & Bacon, 1992.

[14]Burgelman R A. A Model of the Interaction of Strategic Behavior, Corporate Context, and the Concept of Strategy. *Academy of Management Review*. Vol. 8, 1983.

[15]Burgelman R A. A Process Model of Internal Corporate Venturing in the Diversified Major Firm. *Administrative Science Quarterly*. Vol. 28, 1983.

[16]Burgelman R A. Corporate Entrepreneurship and Strategic Management: Insights from a Process Study. *Management Science*. Vol. 29, 1983.

[17]Burgelman R A. Strategy Making as a Social Learning Process: The Case of Internal Corporate Venturing. *Interfaces*. Vol. 18, 1988.

[18]Collis J and Husscy R. *Business Research: A Practical Guide for Undergraduate and Postgraduate Students*. Palgrave Macmillan Ltd., 2003.

[19]Daft R & Weick K E. Toward a Model of Organizations as Interpretation Systems. *Academy of Management Review*. Vol. 9, 1984.

[20]Delery J E and Doty D H. Modes of Theorizing in Strategic Human Resource Management: Tests of Universalistic, Contingency, and Configurational Performance Predictions. *Academy of Management Journal*.

Vol. 39, 1996.

[21]Denzin N K & Lincoln Y S. Introduction: Entering the Field of Qualitative Research, in Denzin N K, Lincoln Y S (eds.), *Handbook of Qualitative Research*. USA: Sage Publications, 1994.

[22]Dutton J E & Duncan R B. The Influence of the Strategic Planning Process on Strategic Change. *Strategic Management Journal*. Vol. 8, 1987.

[23]Dutton J E, Ashford S J. Reading the Wind: How Middle Managers Assess the Context for Selling Issues to Top Managers. *Strategic Management Journal*. Vol. 18, 1997.

[24]Dutton J E, Fahey L & Narayanan V K. Toward Understanding Strategic Issue Diagnosis. *Strategic Management Journal*. Vol. 4, 1983.

[25]Eisenhardt K L. Building Theories from Case Study Research. *Academy of Management Review*. Vol. 14, 1989.

[26]Eisner E W. *The Enlightened Eye: Qualitative Inquiry and the Enhancement of Educational Practice*. New York: Macmillan, 1991.

[27]Floyd W and Wooldridge B. *Building Strategy from the Middle: Reconceptualizing Strategy Process*. London: Sage Publications, 2000.

[28]Floyd S W & Lane P J. Strategizing Throughout the Organization: Managing Role Conflict in Strategic Renewal. *Academy of Management Review*. Vol. 25, 2000.

[29]Floyd W & Wooldridge B. Dinosaurs or Dynamos? Recognizing Middle Management's Strategic Role. *Academy of Management Executive*. Vol. 8, 1994.

[30]Floyd W & Wooldridge B. Middle Management's Strategic Influence and Organizational Performance. *Journal of Management Studies*. Vol. 34, 1997.

[31]Fondas N and Stewart R. Enactment in Managerial Jobs: A Role Analysis. *Journal of Management Studies*. Vol. 31, 1994.

[32]Giddens A. *The Constitution of Society*. Berkeley: California University Press, 1984.

[33]Ginsberg A & Venkatraman N. Investing in New Information Technology: The Role of Competitive Posture and Issue Diagnosis. *Strategic Management Journal*. Vol. 13, 1992.

[34] Gioia D A and Thomas J B. Identity, Image and Issue Interpretation: Sense Making during Strategic Change in Academia. *Administrative Science Quarterly*. Vol. 41, 1996.

[35]Gioia D A & Manz C C. Linking Cognition and Behavior: A Script Processing Interpretation of Vicarious Learning. *Academy of Management Review*. Vol. 10, 1985.

[36] Gioia D A & Pitre E. Multiparadigm Perspectives on Theory Building. *Academy of Management Review*. Vol. 15, 1990.

[37] Goffman E. *Frame Analysis: An Essay on the Organization of Experience*. Boston: Northwestern University Press, 1974.

[38]Guth D & McMillan I C. Strategy Implementation versus Middle Management Self-interest. *Strategic Management Journal*. Vol. 7, 1986.

[39] Hales C P. What Do Managers Do? A Critical Review of the Evidence. *Journal of Management Studies*. Vol. 23, 1986.

[40] Hassard J A. Matrix Model of Corporate Decision Making. *Management Decision*. Vol. 26, 1988.

[41] Heracleous L & Barrett M. Organizational Change as Discourse: Communicative Actions and Deep Structures in the Context of Information Technology Implementation. *Academy of Management Journal*. Vol. 44, 2001.

[42] Huselid M A. The Impact of Human Resource Management Practices on Turnover, Productivity, and Corporation Financial Performance. *Academy of Management Journal*. Vol. 38, 1995.

[43]Ibarra H, Kilduff M & Tsai W. Zooming in and out: Connecting Individuals and Collectivities at the Frontiers of Organizational Network Research. *Organization Science*. Vol. 16, 2005.

[44]Isabella L A. Evolving Interpretations as a Change Unfolds: How Managers Construe Key Organizational Events. *Academy of Management Journal*. Vol. 33, 1990.

[45]Jehn K A, Northcraft G B, Neale M A. Why Differences Make a Difference: A Field Study of Diversity, Conflict, and Performance in Workgroups. *Administrative Science Quarterly*. Vol. 44, 1999.

[46] Johnson G, Melin L, Whittington R. Micro Strategy and

Strategizing: Towards an Activity-based View. *Journal of Management Studies*. Vol. 40, 2003.

[47]Weick K E, Kathleen M. Mindfulness and the Quality of Organizational Attention. *Organization Science*. Vol. 17, 2006.

[48] Kiesler S & Sproull L. Managerial Response to Changing Environments: Perspectives on Problem Sensing from Social Cognition. *Administrative Science Quarterly*. Vol. 27, 1982.

[49]Klein K J, Ziegert J C, Knight A P, Xiao Y. A Leadership System for Emergency Action Teams: Rigid Hierarchy and Dynamic Flexibility. http://knowledge. wharton. upenn. edu/ papers/1282. pdf, 2005.

[50]Lamude K G & Scudder J. Relationship of Managerial Work to Tactics Used to Influence Subordinates. *Journal of Business Communication*. Vol. 32, 1995.

[51]Langley A. Strategies for Theorizing from Process Data. *Academy of Management Review*. Vol. 24, 1999.

[52]Levinthal R. Crossing and Apparent Chasm: Bridging Mindful and Less-mindful Perspectives on Organizational Learning. *Organization Science*. Vol. 17. No. 4, 2006.

[53]Lim B C, Ployhart R E. Transformational Leadership: Relations to the Five-factor Model and Team Performance in Typical and Maximum Contexts. *Journal of Applied Psychology*. Vol. 89, 2004.

[54]Lord R G. & Kernan M C. Scripts as Determinants of Purposeful Behavior in Organizations. *Academy of Management Review*. Vol. 12, 1987.

[55]Lyles M. Formulating Strategic Problems: Empirical Analysis and Model Development. *Strategic Management Journal*. Vol. 2, 1981.

[56] March J G & Simon H A. *Organizations*. New York: John Wiley, 1958.

[57] Miles R E, Snow C, Meyer A D, Coleman H J. Organizational Strategy, Structure and Process. *Academy of Management Review*. Vol. 3, 1978.

[58] Miles R E and Snow C. *Organization Strategy, Structure and Process*. New York: McGraw-Hill, 1978.

[59]Mintzberg H. Patterns in Strategy Formation. *Management Science*.

Vol. 24, 1978.

[60]Mintzberg H. *The Nature of Managerial Work*. New York: Harper & Row, 1973.

[61]Mintzberg H. The Effective Organization: Forces and Form. *Sloan Management Review*. Vol. 32, 1991.

[62]Nandini R, Gretchen M. Toward a Theory of Strategic Change: A Multi-Lens Perspective and Integrative Framework. *Academy of Management Review*. Vol. 22, 1996.

[63] Nonaka I. Toward Middle-Up-Down Management: Accelerating Information Creation. *Sloan Management Review*, 1988.

[64] Orton J D & Weick K E. Loosely Coupled Systems: A Reconceptualization. *Academy of Management Review*. Vol. 15, 1990.

[65] Ostroff C, Kozlowski S W J. Organizational Socialization as a Learning Process: The Role of Information Acquisition. *Personnel Psychology*. Vol. 45, 1992.

[66]Pelled L H, Eisenhardt K M, Xin K R. Exploring the Black Box: An Analysis of Work Group Diversity, Conflict, and Performance. *Administrative Science Quarterly*. Vol. 44, 1999.

[67]Poole P P, Gioia D A & Gray B. Influence Modes, Schema Change, and Organizational Transformation. *Journal of Applied Behavioral Science*. Vol. 25, 1989.

[68]Pozzebon M. The Influence of a Structurationist View on Strategic Management Research. *Journal of Management Studies*. Vol. 41, 2004.

[69]Schwandt T A. Constructivist, Interpretivist Approaches to Human Inquiry, in Denzin N K, Lincoln Y S. *Handbook of Qualitative Research*. USA: Sage Publications, 1994.

[70] Seidman I. *Interviewing as Qualitative Research: A Guide for Researchers in Education and Social Sciences*. New York: Teacher's College Press, 1998.

[71]Smith K G, Smith K A, Olian J D, Sims H P. Top Management Team Demography and Process: The Role of Social Integration and Communication. *Administrative Science Quarterly*. Vol. 29, 1994.

[72]Snow C, Hambrick D. Measuring Organizational Strategies: Some

Theoretical and Methodological Problems. *Academy of Management Review*. Vol. 5, 1980.

[73] Stewart G L, Barrick M R. Team Structure and Performance: Assessing the Mediating Role of Intra-team Process and the Moderating Role of Task Type. *Academy of Management Journal*. Vol. 43, 2000.

[74] Stewart R. Studies of Managerial Jobs and Behavior: The Ways Forward. *Journal of Management Studies*. Vol. 26, 1989.

[75] Stogdill R M. Leadership, Membership, and Organization. *Psychological Bulletin*. Vol. 47, 1950.

[76] Thomas J B & McDaniel R R. Interpreting Strategic Issues: Effects of Strategy and the Information-processing Structure of Top Management Teams. *Academy of Management Journal*. Vol. 33, 1990.

[77] Thomas R & Linstead A. Losing the Plot? Middle Managers and Identity. *Organization*. Vol. 9, 2002.

[78] Tsoukas H. *Complex Knowledge: Studies in Organizational Epistemology*. Oxford University Press, 2005.

[79] Van de Ven A H. Suggestions for Studying Strategy Process: A Research Note. *Strategic Management Journal*. Vol. 13, 1992.

[80] Waldersee R & Sheather S. The Effects of Strategy Type on Strategy Implementation Actions. *Human Relations*. Vol. 49, 1996.

[81] Walsh J P. Managerial and Organizational Cognition: Notes from a Trip Down Memory Lane. *Organization Science*. Vol. 6, 1995.

[82] Weaver G & Gioia D A. Paradigms Lost: Incommensurability vs Structurationist Inquiry. *Organization Studies*. Vol. 15, 1994.

[83] Weick K E. *Making Sense of the Organization*. Oxford: Blackwell, 2001.

[84] Weick K E. Management of Organizational Change Among Loosely Coupled Elements, in Goodman P S & Associates (eds.), *Change in Organizations*. San Francisco: Jossey-Bass, 1982.

[85] Weick K E. *Sense-making in Organizations*. New York: Sage Publications, 1995.

[86] Weick K E. Theory Construction as Disciplined Imagination. *Academy of Management Review*. Vol. 14, 1989.

[87] Westley F. Middle Managers and Strategy: Microdynamics of Inclusion. *Strategic Management Journal*. Vol. 11, 1990.

[88] Wiersema M F, Karen A B. Top Management Team Demography and Corporate Strategic Change. *Academy of Management Journal*. Vol. 35, 1992.

[89] Willmott H. Studying Managerial Work: A Critique and Proposal. *Journal of Management Studies*. Vol. 24, 1987.

[90] Wooldridge B & Floyd W. The Strategy Process, Middle Management Involvement, and Organizational Performance. *Strategic Management Journal*. Vol. 11, 1990.

[91] Wright P M, Snell S A. Toward a Unifying Theory for Exploring Fit and Flexibility in Strategic Human Resource Management. *Academy of Management Review*. Vol. 23, 1998.

[92] Yukl G. *Leadership in Organizations*. New Jersey: Prentice Hall, 1998.

[93] Yukl G, Falbe C M & Youn J Y. Patterns of Influence Behavior for Managers. *Group & Organization Management*. Vol. 18, 1993.

[94] Zaccaro S J, Rittman A L, Marks M A. Team Leadership. *The Leadership Quarterly*. Vol. 12, 2001.

二、中文文献

[1]黄丹、席酉民:《和谐管理理论基础:和谐的诠释》,《管理工程学报》2001年第3期。

[2]黄旭:《企业战略变革研究》,四川大学出版社2004年版。

[3]李武、席酉民:《管理控制与和谐控制》,《管理工程学报》2002年第2期。

[4]孙爱英、刘海潮、李垣:《战略变化理论阐释评述》,《科研管理》2004年第5期。

[5]席酉民、韩巍、尚玉钒:《面向复杂性:和谐管理理论的概念、原则及框架》,《管理科学学报》2003年第4期。

[6]席酉民、韩巍:《管理研究的系统性再剖析》,《管理科学学报》2002年第6期。

[7]席酉民、尚玉钒:《和谐管理思想与当代和谐管理理论》,《西安交通大学

学报(社会科学版)》2001 年第 3 期。

[8]许德音、周长辉:《中国战略管理学研究现状评估》,《管理世界》2004 年第 5 期。

[9]赵曙明、翟俊生等:《国有企业人力资源管理战略研究》,《管理世界》1998 年第 3 期。

[10]周三多、陈传明等:《管理学》,复旦大学出版社 2003 年版。

[11][美]杰夫里·普费弗:《求势于人——释放员工能量,实现竞争优势》,胡汉辉等译,中国人民大学出版社 2001 年版。

[12][美]奥利弗·E.威廉森:《治理机制》,王健等译,中国社会科学出版社 2001 年版。

[13][日]青木昌彦:《比较制度分析》,周黎安译,上海远东出版社 2001 年版。